FRIEDRICH MORGENROTH

SAG ES MIT VERSEN

FRIEDRICH MORGENROTH

Sag es mit Versen

850 Glückwunsch-Verse und andere Reime
zu allen passenden und unpassenden
Gelegenheiten und Verlegenheiten

Eine Reimkunde
mit ausführlichen Anleitungen
zum Selbermachen

PANORAMA

Umschlag und Illustrationen
Günter Seidel, Wiesbaden
ISBN 3-926642-00-9

Friedrich Morgenroth als *-th,*
wie Millionen ihn kennen

Aus „BELICHTET UND BEDICHTET“

EINGETÜTET

Wen wundert's, daß mein linkes Auge wütet?
Mich selber überrascht das keinesfalls!
Man hat mich in die Tasche eingetütet
und zog den Reißverschluß bis an den Hals.

Da steh ich nun und strampel mit den Beinen
und finde, da ich klein bin, keinen Grund.
Es ist zum Lachen! Und es ist zum Weinen!
Mit einem Satz: Ich bin ein armer Hund!

Ich sollte eigentlich nicht drüber sprechen:
Genau betrachtet kann ich nichts dafür —
ich werde mich in Kürze schrecklich rächen
und gehe in der Tasche vor die Tür.

INHALT

1 Verse für alle passenden und unpassenden Gelegenheiten und Verlegenheiten (zum Abschreiben gemacht)

3 Die Kunst, Verse zu machen — Ein kleiner Lehrgang in Prosa

4 Prosa-Anmerkungen zu einigen Vers-Kapiteln

Lieber Leser,

Der Autor legt hier ein Buch vor, das nach Art, Umfang, Vielseitigkeit, Einfallsreichtum und in seinem Nutzen für den Leser tatsächlich als einmalig bezeichnet werden darf, das mit seinen weit über 800 neuen funkelnden Versen Seite für Seite reines Vergnügen und angenehme Unterhaltung bereitet, das mancherlei Zwecken dient und vielen Ansprüchen gerecht wird.

Es ist zunächst ein überaus amüsantes Buch zum Lesen und Vorlesen.

Sodann ist es ein wertvolles Nachschlagewerk. Alle Verse dieses Buches kann der Leser nach Belieben verwenden, denn sie sind zum Abschreiben gemacht. Und bei der großen Zahl von 850 Versen zu 99 Gelegenheiten und Verlegenheiten wird es jedem etwas bieten. Man kann sich kaum einen Anlaß denken, der nicht berücksichtigt wäre.

Schließlich ist dieses Buch ein ausgezeichnetes Lehrbuch. Die vom Autor gegebenen Anleitungen sind verständlich und einfach und daher jederzeit nachvollziehbar. Dem interessierten Leser wird es mit den Anleitungen von Morgenroth leicht gemacht, vorhandene Verse abzuwandeln, mit anderen zu kombinieren oder zu ergänzen. Oder ganz neue, eigene Reime zu schmieden.

Morgenroth macht's möglich. Er erklärt sein Handwerk und sein Handwerkszeug; sagt, was man über Reim und Rhythmus wissen sollte und wie man Glückwunsch-Verse richtig präsentiert.

Ob Sie, lieber Leser, dieses Buch benutzen, um die darin enthaltenen Verse bei passender Gelegenheit abzuschreiben, ob Sie sie abwandeln oder — nach den Anleitungen, die Friedrich Morgenroth gibt — ganz neue Verse schmieden wollen — in jedem Fall werden Sie sich auf alles, was Ihnen, Ihren Freunden, Verwandten, Kollegen oder Chefs an guten (und notgedrungen auch weniger guten) Ereignissen vom Schicksal zugedacht ist, künftig einen Vers machen können.

Sie werden Ihre Urlaubsgrüße aus dem Schwarzwald ebenso originell an den Mann (oder die Frau) bringen können wie das ausgestopfte Krokodil, das Sie Ihrer Schwiegermutter aus Anlaß ihres hundertsten Geburtstages mit einem passenden Vers überreichen wollen.

Kein Gästebuch kann Sie in Verlegenheit bringen, kein Jubiläum oder Geburtstag mehr schrecken. Ihre Grüße werden „ankommen", werden beachtet, bestaunt und beschmunzelt werden.

Friedrich Morgenroth will und wird keinen Dichter aus Ihnen machen. So wenig, wie er sich selbst als Dichter versteht.

Gewinn für den Hausgebrauch sollen Sie aus den Versen und den Anleitungen des Meisters ziehen. Und das Handwerk des Reimens sollen Sie kennenlernen.

Betrachten und benutzen Sie dieses Buch als Vers-Lexikon, als Glückwunsch-Brevier und Leitfaden für fast alle Gelegenheiten des täglichen Lebens. Denn es wird Ihnen bei vielen alltäglichen und festlichen Ereignissen sehr nützlich sein.

Möge es Ihnen darüber hinaus — wann immer Sie es zur Hand nehmen — unterhaltsame und ergötzliche Stunden bereiten!

Das wünscht Ihnen der Verlag.

Dies Buch ist zum Gebrauch gedacht,
zum Lesen und Studieren.
Wer sich dies Buch zu eigen macht,
wird davon profitieren!

Geständnis eines Glückwunsch-Dichters

Wer's unternimmt, ein Versbuch zu gestalten,
um teils zu nützen, teils zu unterhalten,
dem geht es so wie manchen Amateuren,
auf deren Künste die Verwandten schwören.
Wie häufig sagen diese doch zu jenen:
„Nun steig' mal auf den Tisch, und mach' mal eenen!"
Von dem Verlag beziehungsweise Treiber
so angefeuert, setzte sich der Schreiber
an seinen Tisch, nahm Bleistift und Papier
und sah auf dieses stumm und stur und stier.
Er wußte nicht: „Womit soll ich beginnen?"
Er konnte sich auf keinen Reim besinnen.
Von Rhythmus wußte er schon gar nichts mehr,
und das Papier blieb unbeschrieben, leer.
Dabei erhoffte man, daß er die Texte
gewissermaßen aus dem Ärmel hexte!
Lag es — die Frage ist nicht übertrieben! —
an dem Pullover, daß sie steckenblieben?
Hinweg mit ihm! Die Jacke zieh' ich an!
Mal sehn, ob ich nun glatter schütteln kann.
Tatsächlich zeigte sich nach dem Verkleiden
die erste Zeile schon; zwar noch bescheiden,
doch immerhin ein Anfang des Gedichts.
Das war natürlich besser schon als nichts.
Und wie's so kommt: Ist erst der Bann gebrochen,
dann strömt es weiter. So ging's viele Wochen,
was sag' ich — Monate von Blatt zu Blatt.
Dann war ich fertig. Und dann hatt' ich's satt.
Ich setzte mich trotzdem noch aufs Gesäß
und ordnete die Texte sinngemäß,
nahm alles sozusagen ofenwarm
erledigt, doch erleichtert untern Arm,
ging zum Verleger und besuchte ihn.
Der Himmel strahlte; helle Sonne schien

und färbte ein paar hübsche Wölkchen rosa.
„Gut!“, hieß es nun, „jetzt fehlt nur noch die Prosa!“
Damit begann — was half mir schon mein Zorn? —
die alte Quälerei direkt von vorn:
Mit Vorwort und mit Verskunst-Unterrichtung;
mit Abgrenzung des „Machens“ von der Dichtung;
mit Trost und Rat; mit beinah' weisen Lehren;
mit dem Versuch, all jene zu bekehren,
die gern auch im beruflichen Geschehen
in jeden Fettnapf treten, den sie sehen;
mit kleinen Gängen in Vergangenheiten,
um Gegenwärtiges draus abzuleiten;
mit Fehlerquellen, die man unentwegt
beim Versemachen anzubohren pflegt;
mit Tips; mit Warnungen ganz allgemein.
Am besten ist's, Sie schaun mal selber 'rein.
Daß die Lektüre Ihnen nützen mag,
das wünscht der Autor, das wünscht der Verlag.

Mit Versen schenken

Das erste Kapitel umfaßt insgesamt 66 Begleitverse zu einem Geschenk, genauer zu sieben verschiedenartigen Geschenken, die man bloß mal so mitbringt: ein Buch, etwas Alkoholisches, Süßigkeiten, Spielmaterial für Bastler, Blumen, eine Schallplatte, Kosmetisches.

Natürlich kann man dergleichen auch ohne gereimte Begleittexte überreichen, und meistens geschieht das auch so. Aber man wird der Gabe einen zusätzlichen Wert verleihen, wenn man zum liebevoll und hübsch Verpackten ein paar nette Zeilen schreibt. Wenn Inhalt, Verpackung und Text sich ergänzen und aufeinander abgestimmt sind, wird die Freude groß und ehrlich sein. Dazu ein Rat von Joachim Ringelnatz:

Schenke groß oder klein,
aber immer gediegen.
Wenn die Bedachten
die Gabe wiegen,
sei dein Gewissen rein.
Schenke herzlich und frei.
Schenke dabei,
was in dir wohnt
an Meinung, Geschmack und Humor,
so daß die eigene Freude zuvor
dich reichlich belohnt.
Schenke mit Geist, ohne List.
Sei eingedenk,
daß dein Geschenk
du selber bist.

Der Wanderpreis

Wenn andre mit erlesenen Geschenken
an den Geburtstag und dergleichen denken,
dann fühlt man sich geschmeichelt und geehrt:
Das liegt zum Teil am Preis, zum Teil am Wert
der freundlichen Gesinnung, die uns gilt.
So ist man über beides gleich im Bild.
Natürlich gibt es auch noch andre Gaben,
die selten sind und die viel für sich haben:
Wenn Enkelkinder sieben Häuser malen —
na, sowas ist mit Geld nicht zu bezahlen!
Beklebte Untersetzer, Flechtarbeiten
sind gleichermaßen große Kostbarkeiten.
Und überhaupt: Was Kinderhände basteln,
das sollten wir in unsre Herzen kasteln;
denn dies Geheimnis ist hier zu entdecken:
Mit eigner Leistung echte Freude wecken!
Ach, wenn in solcher guten Atmosphäre
auch jeder „Große“ noch zu Hause wäre!
Gefehlt! Man schenkt, daß es uns überrasche,
die Kuh mit rundem Rückenloch für Asche;
den Korken, auf dem scherzhaft und geschickt
Schneewittchen steht, das mit dem Kopfe nickt,
und ähnliches — man kann es nicht vermeiden:
Was man nicht leiden mag, muß man erleiden. —
Ein Tip: Schenk's zum Geburtstag einem andern!
Wenn der's nicht mag, wird's eben weiterwandern,
von Mensch zu Mensch als echter Wanderpreis.
Nach ein paar Jahren schließt sich dann der Kreis,
und gut erhalten, unbenutzt dazu,
begrüßt Dich Deine Aschenbecherkuh!

Begleitverse zu einem Geschenk

Wenn's zeitlich grade mal so paßt
und wenn Du Lust zum Lesen hast,
dann nimm das Buch, entspanne Dich
und denk ein wenig auch an mich!

a) Mit einem Buch

*

Ich möchte Ihnen dieses Büchlein schenken.
Ich las es selbst und mußte dabei denken,
daß es in seiner ganzen „Atmosphäre"
für Sie gewiß genau das Richt'ge wäre!

*

Zufällig kam (obwohl es stand!)
mir dieses Buch jetzt in die Hand;
es wird — blitzschnell fiel mir das ein —
für Sie genau das Richt'ge sein!

*

Dieses Buch soll Sie erfreuen
und das Lesen Sie nicht reuen.
Immerhin: Viel Spannung bringt's.
Und so denk' ich: Man verschlingt's!

*

Ein gutes Buch ist eine gute Sache:
Es bildet; es regt an; es unterhält.
Daß dieses Buch ein wenig Freude mache,
das wünsch' ich sehr. Ich hoffe, es gefällt!

Bei Ihnen ist es stets schon so gewesen:
Sie eignen sich so recht zum Bücherlesen.
Anregung möge dieses Buch bereiten
von vorn bis hinten zu den letzten Seiten!

*

So mancher stapelt Buch auf Buch
wie Taschentuch auf Taschentuch.
Wir beide wissen lange schon:
Wer Bücher liest, hat mehr davon!

*

Manch Buch wiegt schwer: das wiegt man nicht nach Pfund,
denn sein Gewicht hat einen andren Grund:
In manches geht, sei auch der Umfang klein,
ein wesentliches Stück der Welt hinein!

*

Dies Buch, so scheint mir, ist in jeder Zeile
ein gutes Mittel gegen Langeweile.
Besonders eignet es sich beispielsweise
für eine Urlaubszeit. Recht gute Reise!

b) Mit Alkohol

Ein Gläschen kann bestimmt nicht schaden,
nimmt man es mit Verstand zu sich.
Zu diesem bist Du eingeladen.
Zum Wohl! Und denk' dabei an mich!

*

Fast immer trinkt man Alkohol
auf eines anderen Menschen Wohl.
Doch auch zu eignem Nutz und Frommen
kann so etwas durchaus bekommen.
Ich schenke hier etwas zum Schlürfen;
das darf man schließlich doch noch dürfen!

*

Der Wein erfreut des Menschen Herz. Gewiß!
Doch das ist sicher noch kein Hindernis,
in wirklich dankbar-freundlichem Gedenken
auch einmal etwas Härteres zu schenken!

*

Natürlich überlegt sich jeder Gast,
welch Mitbringsel vielleicht am besten paßt.
Meist werden's ein paar hübsche Blumen sein;
doch eine Blume hat ja auch der Wein!
So möcht' ich herzlich und als Dankeszeichen
die „Blume in der Flasche" überreichen.

*

Als Gast, der gerne dieses Haus betritt,
bring' ich statt Blumen eine Flasche mit.
Ob ich damit das Richtige gefunden?
Ich hoffe sehr, der Inhalt möge munden!

Mit einer vollen Flasche Wein
stell' ich als Gast mich dankbar ein.
Man steckt — einschränkend immerhin —
nicht selbst in solcher Flasche drin;
doch hoffe ich als Optimist,
daß dieser Wein genießbar ist!

*

Zu Deinem Festtag überrasche
ich Dich mit einer schlanken Flasche.
Des Menschen Herz freut sich am Wein.
So möge es auch diesmal sein!

*

Die Worte „Schnäpschen" und „Likörchen",
die klingen angenehm im Öhrchen.
Und der Genuß dergleichen Säfte
ist lecker und gibt neue Kräfte.

*

Ich komme wirklich gern in dieses Haus.
Wie sich's gehört, hab' ich was mitgebracht,
was rundum, will ich hoffen, Freude macht.
Wie heißt der gute Spruch? „Schenk' ein! Trink aus!"

*

Gesammelt werden solche Fläschchen oft.
Wobei der Sammler dringend darauf hofft,
daß sich die Fläschchen-Galerie erweitre,
damit der hübsche Anblick ihn erheit're.
Stolz stellt er dann die Dinger ins Regal.
Ob voll, ob leer — na, mir ist das egal!

c) Mit Süßigkeiten

Es ist doch so: Die „Frau vom Haus“
kriegt meistens einen Blumenstrauß.
Mir fiel nun etwas andres ein:
Darf’s ausnahmsweise Süßes sein?
Ich hoff’, der Einfall ist geglückt,
obwohl er nicht die Vase schmückt.

*

Für jemand, der so lecker ist
und ein Geschmacks-Entdecker ist,
gibt es in freundlicher Umhüllung
etwas Besonderes — mit Füllung!

*

Diese ziemlich bunte Mischung
dient der leiblichen Erfrischung
und bereichert recht erlabend
einen trüben Fernseh-Abend!

*

Heut’ dachte ich gerade:
Du magst doch Schokolade!
Gedacht, getan, und das Ergebnis
sei dann ein leckeres Erlebnis.

*

Manche Damen lieben Rosen, Nelken
und was sonst so dem Gemüt entspricht.
Andre denken: „Diese Dinger welken
und vergehn. Auch eßbar sind sie nicht!“
Praktisch löste ich dies Schenk-Problem:
Süßes ist den Süßen stets genehm!

„Gib ihr Saures!" — Damit wird man schlecht
oder gar nicht einer Frau gerecht.
Sicher ist: Man macht sich mehr beliebt,
wenn man ihr — zum Beispiel — Süßes gibt.
Die Entscheidung fiel mir drum nicht schwer:
Süßes ist im Päckchen. Bitte sehr!

*

Ich habe mir da etwas ausgeheckt.
Ich hoffe wirklich sehr, daß jenes schmeckt,
was — unsichtbar einstweilen und verdeckt —
in diesem schlicht verpackten Päckchen steckt,
damit es sauber bleibt und nicht verdreckt.
Mach' ich eventuell damit Effekt?
Bin ich womöglich damit angeeckt,
und fühlt sich die Empfängerin geneckt,
vielleicht verärgert oder gar erschreckt,
worauf sie ihre Hand abwehrend reckt?
Hab' ich vielleicht Empörendes geweckt?
Das war, ich schwöre es, niemals bezweckt.
Es ist entschieden; so ist nun der „fact":
Statt Blumen überreiche ich Konfekt!

*

Diese süße Überraschung
ist geeignet zur Vernaschung.
Möge sie mit leckrem Schwunge
leicht zergehen auf der Zunge
und — mal abgesehen vom Magen —
auch dem Herzen wohl behagen.
Dieses alles in Vollendung
wünscht der Sender dieser Sendung.

Poesie ist lehrbar

Tatsächlich: Das Versemachen kann man lernen. Das behaupte ich nicht allein; das bestätigen und begründen anerkannte Schriftsteller. Hans Erich Nossack, den Jean Paul Sartre einmal den „besten deutschen Romancier der Nachkriegszeit“ genannt hat, schrieb in der WELT (Beilage „Die geistige Welt“):

„Alles Machbare ist jederzeit lehrbar, mit anderen Worten, die jeweilige Poetik. In Amerika und auch bei uns gibt es Kollegs dafür. Das ist nützlich und durchaus zu begrüßen. Jeder Maler und jeder Musiker muß in einer Kunsthochschule erst einmal das Handwerk lernen. Der angehende Literat braucht sich in Zukunft nicht mehr mühsam und unter unendlichen Umwegen die Gesetze eines literarischen Produkts selber herauszusuchen. Das erspart viel Zeit. Es läßt sich mit ziemlicher Unfehlbarkeit lehren, wie lang eine Kurzgeschichte sein darf, damit der Redakteur eines Magazins sie nimmt. Oder wie man sich im Rundfunk ausdrücken muß, um gehört zu werden ... Das alles ist ungeheuer nützlich, es erleichtert das Handwerk ... Das Kunstmittel also ist lehrbar und erlernbar, es wird auch reichlich in der zeitgenössischen Literatur angewandt.“

Die Theorie, daß jeder, der sein Handwerk versteht, „Poesiemeister“ werden kann, ist übrigens nicht neu. Schon Martin Opitz beispielsweise (1597—1639), mit dem Ehrentitel „Vater der deutschen Poesie“ ausgezeichnet, hat bahnbrechend und einflußreich gewirkt durch sein „Buch von der deutschen Poeterey“ (Breslau 1624). In diesem Werk erteilt er praktische Ratschläge über die Wahl der schmückenden Beiwörter und über die Art der verschiedenen Gedichte, die in deutscher Sprache im Gegensatz zu der bis dahin bevorzugten lateinischen Sprache geschrieben sein sollten. Opitz wendet sich (seiner Zeit gemäß) an die Gelehrten. Sie sollten zwar bereits eine angeborene dichterische Begabung haben, aber — so meint Opitz — den Versbau lernen müßten auch sie. — Heute ist jeder so „gelehrt“, daß er das Reimen lernen kann.

Um 1650 verfaßte der Barockdichter und Nürnberger Ratsherr Georg Philipp Harsdörfer (1607—1658) neben anderen Lehr- und Dichtwerken den „Poetischen Trichter, die Deutsche Dicht- und Reimkunst in sechs Stunden einzugießen“. (Daher kommt übrigens die Redensart vom Nürnberger Trichter.)

1938 hat der Schriftsteller Walter Deneke dieses Bild aufgegriffen. Unter dem Titel „Neuer poetischer Trichter“ veröffentlichte er im Heimeran-Verlag, München, ein „Regelbuch, das nur so tut; eine leichtfaßliche Unterweisung für lyrische Bastler“ in heiteren, nicht tierisch ernstzunehmenden Zweizeilern. Das Buch ist spaßig zu lesen.

Wolfgang Kayser schreibt in seinem Buch „Kleine deutsche Versschule“ (Dalp-Taschenbuch 306; Francke-Verlag, Bern und München):

> *„Es gibt für den Dichter Handwerkliches, das er lernen muß, wie es für den Musiker, den Maler, den Bildhauer Handwerkliches gibt.“*

Von Friedrich Schlegel (1772—1829) stammt die Ansicht:

> *„Bei den Alten gab es auch im eigentlichen Sinne Schulen der Poesie. Und ich will es nicht leugnen, ich hege die Hoffnung, daß dies noch jetzt möglich sei. Was ist wohl ausführbarer und was zugleich wünschenswürdiger als ein gründlicher Unterricht in der metrischen Kunst?“*

Und weil Goethe immer gut paßt, soll er auch hier nicht fehlen. Das Zitat finden Sie in „Wilhelm Meisters Wanderjahre“:

> *„Allem Leben, allem Tun, aller Kunst muß das Handwerk vorausgehen, welches nur in der Beschränkung erworben wird.“*

Fortsetzung
BEGLEITVERSE ZU EINEM GESCHENK

d) Mit einer Gabe für Bastler und Hobby-isten

Ganz zweifellos gehört schon eine starke
Geduld zur Postwertzeichen-Sammelei.
Ich staune bloß: Du bist vielleicht 'ne Marke!
Hier diese ist's bestimmt! Viel Spaß dabei!

*

Die liebevolle Hobby-Pflege
gibt hübschen Auftrieb und macht rege.
Gerade deshalb sollte man
das unterstützen, wo man kann.
Paßt dieses hier in Ihr „System"?
Das wäre mir sehr angenehm!

*

Wer ein hübsches Hobby pflegt,
hat sich etwas zugelegt,
was im Alltag ihn beflügelt
und so manchen Ärger zügelt.
Dazu paßt, wie ich mir denk',
dieses Spezial-Geschenk.

*

Zur Sammelei gehört viel Kraft;
es geht nicht ohne Leidenschaft.
Wenn andre dabei helfen, stützen,
kann's den Bemühungen nur nützen.
Dies möge nun die Sammlung zieren
und sie ein wenig komplettieren.

Eine Sammlung dient doch der Zerstreuung.
Freude macht die ständige Betreuung,
und es ist ein herrliches Vergnügen,
Neues seiner Sammlung einzufügen.
Möge diese Gabe, wenn auch klein,
angenehm, erwünscht und passend sein!

*

Für ein Hobby gibt es keine Grenzen:
Immer muß man irgendwas ergänzen,
immer fehlt noch irgendwas Bestimmtes.
Das Besorgen — ach, kein Ende nimmt es.
Na, vielleicht füll' ich mit diesem Stücke
irgendwie und -wo grad' eine Lücke.

*

So ein hübsches Steckenpferd
ist gewiß von großem Wert,
denn es stimmt uns heiter.
Herzlich gibt es heut' von mir
etwas „Futter" für das Tier:
Hobby, Hobby-Reiter!

*

Dies ist ein völlig klarer Fall:
Ein Steckenpferd braucht viel zum Leben.
Man muß ihm einen sauberen Stall,
Bewegungsraum und Futter geben.
Ich schicke hier mal etwas mit;
vielleicht hat's darauf Appetit?

Spezialist, Spezialistin
sind Hobby-ist und Hobby-istin,
weil sie (man kann's entsprechend sehn)
viel mehr als andere verstehn.
Darf ich es trotzdem einmal wagen,
zum Hobby etwas beizutragen?

*

Es gibt nichts, was nicht gesammelt wird. Manches ist für den Bürger zu teuer — Kunstwerke beispielsweise, wie man sie im allgemeinen in Museen findet. Aber für den echten Hobby-isten gibt es dennoch Sammelnswertes genug — auf vielen Gebieten:

Ansichtspostkarten, Autogramme, Behördenformulare, Bierfilze, Bierkrüge, Briefmarken, Dias, Ellen (alte, zum Messen), Etiketten von Weinflaschen, Fahrkarten, Fahrpläne, Fahrscheine, Feuerwehrhelme, Feuerzeuge; Fläschchen mit Wasser aus allen Teichen, Seen, Flüssen, Meeren, die Sie mal besucht haben; Fotos, Hemdfetzen der Fußballnationalspieler, Holzarten, Indianer-Zubehör, Käfer, Kakteen, Knöpfe, Kochbücher, Korken, Krippenfiguren, Kuhglocken, Lampen (von der Tranfunzel bis zur Petroleumlampe), Lebensmittelkarten aus Notzeiten, Matchbox-Autos, Tassen, Muscheln, Namen drolliger Art (durch Fotos belegt) von Berufstätigen (Karl Bohrer, Zahnarzt) und Orten (Schweindorf, Kuhbach, Ochsenhausen, Rinderfeld, Katzenloch), Orden, Papiere (alte) mit besonderen Wasserzeichen, Plakate, Puppen, Salzstreuer, Seitengewehre, Sofapüppchen, Spielkarten, Spitzen, Suppenkellen, Schallplatten, Schmetterlinge, Schnapsflaschen, Städtisches (alles, was mit einem bestimmten Ort zu tun hat), Steine (edle und andere), Stocknägel, Stoffe, Streichholzschachteln, Theaterprogramme, Türklopfer, Vogeleier, Vogelfedern, Weihnachtskugeln, Zeitschriften, Zigarren-Bauchbinden, Zinnfiguren.

Diese Aufzählung, die keinen Anspruch auf Vollständigkeit erhebt, zeigt immerhin die Vielzahl denkbarer und tatsächlich ausgeübter Hobbies. Vielleicht bringt die Aufzählung Sie selbst auf die eine oder andere Hobby-Idee.

e) Mit Blumen

Wer Blumen liebt, läßt sich zu allen Zeiten
von diesen „Kindern der Natur“ begleiten
und wird sie draußen, drinnen gern betreuen.
Ich hoffe, dieser Strauß wird Sie erfreuen!

*

Alle bunten Blumen tragen
Dir die schönsten Grüße zu.
Jede Blume kannst Du fragen,
jede Blume wird Dir sagen:
„Du!“

*

Dieser Strauß, den Aug' und Nase
gleichermaßen gern genießen,
halte lang sich in der Vase.
(Bitte Wasser in sie gießen!)
Er erinnert, hoffe ich,
freundlich jeden Tag an mich.

*

„Rosen auf den Weg gestreut
und des Harms vergessen!“ *)
Daran läßt sich, hoff' ich, heut'
all mein Wünschen messen:
Heiter in die Welt zu sehen!
Heiter durch die Welt zu gehen!

*) Beginn eines Gedichts von Ludw. Chr. Hölty (1748—1776)

Nun zeige ich mich endlich, endlich
für Ihre Freundlichkeit erkenntlich:
Von Herzen Dank für alle Mühen!
Die Blumen mögen lange blühen;
lang halte sich ihr duft'ger Hauch. —
Wenn Sie sich freun, freu' ich mich auch!

*

Die Blumen werden, hoff' ich, für mich sprechen,
und dabei will ich sie nicht unterbrechen.
Dank und Gruß!

*

Ich denke schon die ganze Zeit
mit Dank an Ihre Freundlichkeit.
Was dieser Blumengruß hier spricht?
„Vergessen habe ich Sie nicht!"

*

Ich schicke heut' aus weiter Ferne
den Blumenstrauß für Dich ins Haus.
Ich tu es wirklich herzlich gerne;
ich weiß genau: Du siehst daraus,
daß wir mit Grüßen, die verbinden,
leicht die Entfernung überwinden.

*

Alle Blumen strahlen, leuchten, lachen;
alle Blumen wollen fröhlich machen.
Diese sollen Freude — mög's gelingen! —
für das Herz und für das Auge bringen!

Ob im Frühling, Sommer, Herbst und Winter:
Hübsche Blumen kann man immer sehn —
dann vor allen Dingen, wenn dahinter
nette, freundliche Gedanken stehn.
Bitte nehmen Sie in diesem Sinn
(oder: Bitte nimm von mir in diesem Sinn)
diesen Strauß mit besten Grüßen hin!

Vom richtigen Rhythmus

Für die meisten ist ein Gedicht erst ein Gedicht, wenn es „sich hinten reimt". Also brauchen Sie Reimwörter. Doch bevor Sie sich um den Reim kümmern, müssen Sie an den Rhythmus denken. Unter Rhythmus versteht man den periodischen (gleichmäßig aufeinanderfolgenden) Wechsel von Hebung und Senkung, beziehungsweise Senkungen. Statt „Hebung" und „Senkung" können wir auch „betonte Silbe" und „unbetonte Silbe" sagen. Bei dem Wort „Wilhelmine" beispielsweise sind die Silben „Wil" und „mi" Hebungen (betont); die Silben „hel" und „ne" sind Senkungen (unbetont). Bei uns richten sich Hebungen und Senkungen nach der üblichen Betonung der Wörter. (Die alten Griechen machten es anders; sie verteilten — oft entgegen der normalen Betonung im Prosasatz — die Hebungen und die Senkungen nach Länge und Kürze der Silben.)

Wir halten uns an die übliche Betonung. Aber damit ist es noch nicht getan. Jede Gedichtzeile soll nach einer bestimmten Ordnung, nach einem bestimmten Schema ablaufen: Sie marschiert gewissermaßen auf Versfüßen. Um bei deren Erklärung die ständige Wiederholung von „betont" und „unbetont" zu vermeiden, setzen wir die dafür üblichen Zeichen ein: ⏊ bedeutet betont; ⏑ bedeutet unbetont.

Sieht ein Versfuß so aus: ⏑ ⏊, dann sprechen wir von einem Jambus. Die Aneinanderreihung von Jamben gibt eine mehrhebige Zeile. Dafür ein paar Beispiele:

Das Lieben bringt groß Freud
Oh, wonnevolle Jugendzeit
Des Menschen Leben scheint ein herrlich Los.

Das also sind Zeilen mit drei, vier und fünf Jamben.

Der Trochäus, der ebenfalls zweisilbig ist, beginnt mit einer betonten Silbe: ⁄ —

Auch dafür einige Muster:

Bunt sind schon die Wälder
Freude, schöner Götterfunken
Sind wir nicht zur Herrlichkeit geboren

Auch diese Zeilen aus Trochäen haben drei, vier und fünf Hebungen.

Es gibt aber nicht nur zweisilbige Versfüße. Anapäst und Daktylus bestehen jeweils aus drei Silben. Der Anapäst verteilt sie so:

In Worten:

Überall ist es schön
Überall auf der Welt ist es schön
Überall auf der Welt ist es herrlich und schön
— — ⁄ — — ⁄ — — ⁄ — — ⁄

Diese Beispielzeilen enthalten zwei, drei und vier Anapäste. Mehr als vier sollte man nicht in eine Zeile bringen, weil der Anapäst ja drei Silben enthält — im Gegensatz zu Jambus und Trochäus, die jeweils nur zwei Silben haben.

Der Daktylus: ⁄ — — wird an folgenden Beispielen deutlich:

Brause, du Freiheitsdrang
Hebt Eure Gläser zum Anstoßen
Seid mir willkommen im herrlichen Waldrevier
⁄ — — ⁄ — — ⁄ — — ⁄ — —

Zu diesen zwei, drei und vier Daktylus-Zeilen gleich ein Hinweis: In der Praxis begnügt man sich im letzten Versfuß meist mit einer einsilbigen Senkung; das klingt besser aus, und es reimt sich auch besser:

Nichts kann uns rauben
Singet und freut euch des Lebens
Drüben am Wiesenrand hocken zwei Dohlen.

Der Vollständigkeit halber sei noch der Spondéus erwähnt: ein zweisilbiger Versfuß, der aus zwei langen Silben besteht; er spielt für uns keine wesentliche Rolle.

Bis hierher haben wir uns mit regelmäßigen Versfüßen beschäftigt: Jambus, Trochäus, Anapäst, Daktylus, Spondéus. Es gibt aber auch Versfüße mit unregelmäßigen Füllungen, wenn wir mit diesem Wort die Senkungen bezeichnen, die auf die Hebung folgen. Die Senkung (Füllung) kann aus einer, zwei, drei, vier Silben bestehen; sie kann aber auch fehlen, so daß zwei Hebungen aufeinander folgen. Diese Freiheit weist der sogenannte Knittelvers auf, der stets vierhebig (und paarweise gereimt) ist. Die Praxis sieht — mit Zitaten aus Goethes FAUST und Schillers WALLENSTEINS LAGER — so aus:

„Habe nun, ach! Philosophie,
Juristerei und Medizin
und leider auch Theologie
durchaus studiert, mit heißem Bemühn.“

Goethe

„Heißa, juchheia! Dudeldumdei!
Das geht ja hoch her. Bin auch dabei!
Ist das eine Armee von Christen?
Sind wir Türken? Sind wir Antibaptisten?“

Schiller

Bei der Aufzählung der Verszeilen bisher ist keine über fünf Hebungen hinausgekommen. Diese Beschränkung auf „fünf“ hat ihren guten Grund: Noch längere Zeilen wirken auf uns einfach zu lang; sie scheinen kein Ende zu nehmen. Deshalb wird im allgemeinen auf sie verzichtet. Aber natürlich gibt es Ausnahmen. So haben wir aus dem Griechenland der Klassik den Hexameter übernommen; er ist eine sechshebige, in den Senkungen ein- oder zweisilbig gefüllte Zeile mit auftaktlosem Beginn, das heißt, sie fängt immer mit einer Hebung (betonter Silbe) an. Als Beispiel hier den Anfang von Goethes HERMANN UND DOROTHEA:

„Hab' ich den Markt und die Straßen doch nie so
einsam gesehen! Ist doch die Stadt wie gekehrt! Wie
ausgestorben! Nicht fünfzig, deucht mir, blieben zurück
von allen unsern Bewohnern.“

Fehlt in der im übrigen gleichgebauten Zeile die Senkung hinter der dritten und sechsten Hebung, dann nennen wir eine solche Zeile Pentameter. Obwohl das griechische „pente" soviel wie „fünf" heißt, hat der Pentameter sechs Hebungen — wie der Hexameter. Ein Pentameter aus Goethes RÖMISCHEN ELEGIEN:

„Zu ihr und von ihr zu gehn,
/ ‿ ‿ / ‿ ‿ /

opfre die köstliche Zeit.
/ ‿ ‿ / ‿ ‿ /

Setzt man einen Zweizeiler aus Hexameter und Pentameter zusammen, dann sprechen wir von einem Distichon. Man bedient sich seiner gern für kurze Sinnsprüche; die Verschiedenheit der Zeilen verstärkt wirkungsvoll eine gedankliche Antithetik, also das Denken in Gegensätzen. Bekannt ist Schillers Distichon:

„Im Hexameter steigt des Springquells flüssige Säule.
Im Pentameter drauf fällt sie melodisch herab."

Und nun einige Distichen von Goethe:

„Wem zu glauben ist, redlicher Freund, das kann ich Dir sagen: Glaube dem Leben; es lehrt besser als Redner und Buch."

„Gleich sei keiner dem andern; doch gleich sei jeder dem Höchsten. Wie das zu machen? Es sei jeder vollendet in sich."

„Irrtum verläßt uns nie; doch ziehet ein höher Bedürfnis
immer den strebenden Geist leise zur Wahrheit hinan."

Ebenfalls sechs Hebungen hat der sogenannte Alexandriner; er ist ein zwölf- bis dreizehnsilbiger Vers (Zeile) aus sechsfüßigen Jamben mit einer Pause (Zäsur) nach der dritten Hebung. Das hört sich schlimmer an, als es in der Praxis ist; Alexandriner sehen so aus:

„Mein sind die Jahre nicht, die mir die Zeit genommen.
Mein sind die Jahre nicht, die etwa möchten kommen.
Der Augenblick ist mein, und nehm' ich den in acht,
so ist der mein, der Jahr und Ewigkeit gemacht."

Andreas Gryphius (1616—1664)

Seinen Namen hat der Alexandriner übrigens von den altfranzösischen Alexander-Epen, in denen er verwendet wurde. In die deutsche Dichtung fand er Eingang im 16. Jahrhundert, und beherrschend blieb er hier bis tief ins 18. Jahrhundert.

Ich habe schon erwähnt, daß zu lange Verszeilen nicht gut klingen. Das gilt auch für zu kurze Zeilen, zumal es dann auch schwierig ist, einen Sinn hineinzubringen. „Macht/lacht", „Leid/schreit" — auf diese Weise geht's, meine ich, nicht.

Bleiben Sie, wenn Sie handwerklich reimen, lieber auf dem goldenen Mittelweg. Bauen Sie Zeilen, bei denen Senkung auf Hebung folgt (oder umgekehrt) mit sieben bis elf Silben; bei Zeilen, deren Versmaß aus Hebung, Senkung, Senkung, oder aus Senkung, Senkung, Hebung besteht, halten Sie sich am besten an 14 bis 16 Silben. Mit anderen Worten: Mehr als fünf Hebungen sollte keine Zeile aufweisen. Und nicht weniger als drei.

Begleitverse zu einem Geschenk

f) Mit einer Schallplatte

Ob mit, ob ohne Stereo:
Die Platte stimmt Dich, hoff' ich, froh!
Ich könnte beinah darauf schwören:
Man kann sie mehr als einmal hören,
denn „einmal" dürfte kaum genügen.
Ich wünsche Freude und Vergnügen!

*

Weil ich Sie schon seit langem kenn':
Sie sind ein richt'ger Platten-Fan!
Damit es mit Erfolg so bleibe,
gibt's als Geschenk hier diese Scheibe.

*

Ich hoff', begeisternde Musik entsteht,
wenn sich die Platte samt dem Teller dreht.
Und werden diese Töne auch nicht allen
im weitren Umkreis ebenso gefallen:
Man kann in solchen und in andren Fällen
den Apparat auch ziemlich leise stellen!

*

Gut aufgelegt! Und flott wird musiziert,
sobald der Plattenteller sanft rotiert.
Bei dieser Plattenwahl, so will ich hoffen,
hab' ich den richtigen Geschmack getroffen,
obwohl — dies füge ich ergänzend an —
man diese Platte ja nicht essen kann!

Die Platte möge nicht im Müll verschwinden;
sie möge Gnade vor den Ohren finden.
Wenn sie das tut, dann wird, sobald sie tönt,
von der Akustik her die Welt verschönt.
In diesem Sinne war der gute Ton
von ziemlicher Bedeutung immer schon.

*

Beat-Musik *) kommt manchem Ohr
ungewöhnlich scheußlich vor.
Andre wieder, die sie hören,
lassen sich durch sie nicht stören.
Wieder andre (wie wir wissen)
sind davon ganz hingerissen.
Hoffentlich bist Du's! Dann hatte
ich wohl Glück mit dieser Platte.

*) oder: Pop-, Marsch-, Jazz-, Chor-, Tanz-, Blas-, Volksmusik

*

Um den Wunsch nach gutem Ton zu stillen:
Jede dieser engen Plattenrillen
birgt an guten Tönen rings im Kreise
ziemlich viele — laute teils, teils leise.
Im Zusammenhang entsteht daraus
hoffentlich für Sie ein Ohrenschmaus!

*

Freundlich kommt die Scheibe an,
daß sie Deine Sammlung kröne.
Leg' sie auf den Teller: Dann
haste Töne!

Wenn sich diese Platte dreht
und Musik zum Ohr eingeht,
möge sie nicht darin bleiben,
sondern sinnvoll weiter treiben,
bis sie, wunderbar beschwingt,
endlich bis zum Herzen dringt.

*

„Mit Musik geht alles besser", heißt es.
Diese Platte, hoffe ich, beweist es.
Möge dieses „Opus" beim Erklingen
echte Freude und Entspannung bringen!

*

g) Mit einer Kosmetik-Überraschung

Schmücke und verziere Dich;
schminke, onduliere Dich!
Auch ein guter Lippenstift
ist bestimmt kein Umwelt-Gift.
Um all das zu unterstützen:
Bitte sehr! Es möge nützen!

*

Wer sich pflegt, hat mehr vom Leben:
Er kann mehr damit beginnen.
Doch auch die, die ihn umgeben,
mögen solche „Pfleger" eben
ebenso wie „Pflegerinnen".
Ob ich hiermit etwas helf'?
„Handwerkszeug — do it yourself!"

Wer für freundliche Gerüche
nicht nur innerhalb der Küche
eine kleine Schwäche zeigt,
ist wahrscheinlich, wie ich denke,
einem solchen Duft-Geschenke
im Prinzip nicht abgeneigt.

*

Trocken- oder Naßrasur:
Vor und nach der Prozedur
steht dem Manne (oder nicht?)
jenes trefflich zu Gesicht,
was ihn, sparsam angebracht,
sozusagen „dufte“ macht.
Dazu soll — das leuchtet ein! —
diese Flasche dienlich sein.

*

Nicht nur die Damen, auch die Herrn
sind pflege-eitel insofern,
als sie mit Cremen und mit Wässern
sich mühen, ihr „image“ aufzubessern:
Das schmückt, macht angenehm, verjüngt.
Und weil mich das vernünftig dünkt,
erlaube ich mir sozusagen,
zu solcher Absicht beizutragen.

*

Solche „Herren-Garnitur“
kann man ohne weitres schenken,
ohne da auch nur die Spur
an Bevormundung zu denken.
Warum soll zum eignen Nutzen
nicht auch ER sich etwas „putzen“?

Gern machen jüngre als auch ältre Knaben,
die Sinn für männliche Kosmetik haben,
von dem und jenem hier und da Gebrauch.
Sie machen's — nette Angewohnheit! — auch.
Dazu (wie ich mir habe sagen lassen)
wird das hier Überreichte sicher passen.

*

Fürs Täschchen
ein Fläschchen
ist gut zu verwenden.
Es kann
dann und wann
Erfrischendes spenden.

*

„Edel sei der Mensch! Hilfreich und gut!"
So sprach Goethe, dichterisch begnadet. *)
Wenn der Mensch zusätzlich etwas tut,
was dem Äußren dient — ob das ihm schadet?
Ganz im Gegenteil! Man überlege:
Nützlich, wirkungsvoll ist solche Pflege!

*) In dem Gedicht „Das Göttliche"

*

Tut jemand augenscheinlich
für sein make-up etwas,
den schelte man nicht kleinlich.
Großartig find' ich das!
Man mache solchen Wesen
ein Kompliment — und Mut.
Deshalb ist hier zu lesen:
Mein Kind, das steht Dir gut!

DANKVERSE FÜR EIN GESCHENK

Noch steht der hübsche Blumenstrauß im Zimmer;
noch leuchtet Blütenstern an Blütenstern.
Ich freu' mich wirklich jedesmal und immer,
wenn ich ihn anseh'. Und das tu ich gern!
Noch einmal: Schönen Dank für diesen Strauß!
Ich freu' mich dran; er sieht bezaubernd aus!

*

So dann und wann ein Gläschen Alkohol
tut dem Gemüt als auch dem Magen wohl.
Ich denk' bei jeder Schluck-Gelegenheit
an Sie (Dich) mit Freude und mit Dankbarkeit!

*

Was ich immer wieder denk':
Liebevoll war Ihr Geschenk!
Ich genieß' es, und ich freue
mich darüber stets aufs neue.
Man ist dankbar und gerührt,
wenn man Herzenswärme spürt.

*

Handschriftlich dank' ich schnell und gleich
für das, was hübsch und düftereich.
Die Schwäche, die ich dafür habe,
verstärkt die Freude an der Gabe.

Fürs hübsche Buch, das mir gefällt
(weil es, was man erwartet, hält),
bedanke ich mich herzlich, innig.
Die Überraschung glückte sinnig!

*

Die Gabe traf — das heißt schon viel! —
direkt und ganz genau ins Ziel.
Ich danke in den höchsten Tönen
fürs Überraschen und Verwöhnen.

*

Wenn ich die Gabe mir beseh':
Welch reizende Geschenk-Idee!
Ich danke — freiweg von der Leber —
beglückt, erfreut dem netten Geber!

*

Was ich mir lange schon erträumt:
Mein Steckenpferd ist aufgezäumt!
Sehr herzlich danke ich dafür;
Du hast für so was ein Gespür
(Sie haben wirklich ein Gespür),
was ich an dieser Gabe merk'.
Der „Reiter" *) dankt! — und nun: Ans Werk!

*) *oder: Sammler, Bastler, Angler usw.*

Für Dein (Ihr) Geschenk, so wunderhübsch verpackt,
bedank' ich mich — verwöhnt und mit Behagen.
Wer sich so anstrengt mit Gefühl und Takt,
dem soll man „Danke schön!" in Versen sagen.
Die Überraschung war durchaus komplett,
und meine Freude ist kaum zu beschreiben.
Ich danke herzlich; das war wirklich nett
und wird mir immer in Erinn'rung bleiben!

*

Vielen Dank fürs „Angebinde",
das ich wirklich prächtig finde.
Fast grenzt so was an Verschwendung;
doch ich hab' dafür Verwendung!

Weitere Dank-Verse „Für dies und das": Seite 293

Liebe ist immer modern

Manche Menschen können sich blendend ausdrücken, nur nicht, wenn es um Liebe geht. Da versagt ihnen die Sprache. Zugegeben: Gefühle der Zuneigung sind auch nicht leicht in Worte zu kleiden. Ja, im stillen, so ganz für sich allein, da kann man sich schon berauschen. Da fließen die Gedanken zu wunderschönen Komplimenten. Aber Aug' in Aug' sieht alles anders aus. Man wägt, man tastet sich vor, man horcht auf die Reaktion des anderen, sagt ein Wort über dies, ein Wort über das, zögernd nur; man könnte sich ja blamieren, schlimmer noch, lächerlich machen. Schließlich wird aus dem aufrichtigen Anliegen, etwas Nettes zu sagen, eine schlimme Banalität. Und schlichte, herzliche Gedanken geraten zum pompösen Wortschwall.

Jedenfalls geht es den meisten Menschen so und ähnlich. Liebe? Ja! Aber über Liebe reden, dem anderen sagen, daß man ihn gern hat und warum man ihn mag — das scheint in unserer poesiearmen, nüchternen Welt nicht zeitgemäß, das könnte als Schwäche ausgelegt werden. Und wenn man es doch versucht — siehe oben.

Die vielen Barrieren, die uns hindern, unsere Gefühle der Zuneigung so nett, herzlich und aufrichtig auszudrücken wie wir es möchten, haben wir uns allesamt selbst aufgebaut. Da hilft nur eins: Wir müssen sie auch selbst wieder abbauen. Denn Liebe ist immer modern.

Geben Sie in Sachen Liebe Ihrem Herzen den Vorrang vor Ihrem Verstand. Sagen Sie Ihrer Freundin, wie gern Sie sie haben, und sagen Sie es ruhig auch Ihrer Frau. Sagen Sie es in Versen. Sie wird sich mehr darüber freuen, als Sie denken. Denn mit Versen läßt sich leichter und besser sagen, was sonst nur schwer zu formulieren ist. Machen Sie die Probe aufs Exempel! Das nächste Kapitel enthält einige Anregungen.

GRÜSSE AN DIE FREUNDIN

Der Abend gestern — Du brauchst nicht zu fragen,
ob's nur ein Traum, ob's Illusion nur war.
Du wirst den Brief beständig bei Dir tragen,
und immer wird er Dir beim Lesen sagen:
Die Stunden waren wirklich wunderbar!

Ich denk' genau wie Du auf allen Wegen
an das, was uns beseligte, zurück.
Es duftete nach Wärme und nach Regen;
die Bäume rauschten; Wind kam uns entgegen,
und mit uns durch die Stille ging das Glück.

Wie schön, mit Dir das alles zu erleben;
ich bin sehr dankbar, und ich bin sehr froh.
Mir fehlt nur eins; ich denke grade eben:
Man kann sich brieflich keine Küsse geben.
Das tut mir leid. Geht es Dir ebenso?

Ich grüße Dich, mein Schatz, aus Herzensgrunde.
Das Glück, ich weiß es, läßt uns nicht im Stich;
es ist mit uns; es bleibt mit uns im Bunde.
Ich freu' mich auf die Wiedersehens-Stunde;
ich freue mich, mein bester Schatz, auf Dich!

*

Ein Kartengruß von unterwegs
soll herzlich zu Dir eilen.
Das Eigentliche — überleg's! —
steht zwischen diesen Zeilen.
Auf offner Karte — tut mir leid! —
ist solch Versteckspiel richtig.
Du weißt Bescheid; ich weiß Bescheid.
Und das allein ist wichtig!

*

Ich mag nicht gern alleine sein
(was Du von Dir auch sagst).
Ich lade Dich ins Kino ein, *)
an welchem Tag Du magst.
Wir setzen uns im Anschluß dran
vielleicht in eine Bar.
Ruf' mich noch heute bitte an;
dann machen wir das klar.
Ich hab' Dich gern; das weißt Du ja.
Ich sehne mich nach Dir,
und meinem Herzen bist Du nah.
Ruf' an! Wann gehen wir?

*) oder: Ich lad' Dich ins Theater ein,

*

Ich möchte zum Tanz Dich verleiten;
romantisch, modern — ganz egal.
Ich möchte zum Tanz Dich begleiten
in irgendein nettes Lokal.
Ich möchte zum Tanz mit Dir gehen;
ich weiß, daß Du Freude dran hast.
Ich möcht' in die Augen Dir sehen.
Und sagst Du mir, wann es Dir paßt?

Wir können uns, Du weißt es, heut' nicht sehen;
das ist ein Fall von höherer Gewalt.
Weil Du verständig bist, kannst Du's verstehen.
Wir holen das Versäumte nach; recht bald!

Magst Du den Strauß (er soll ein Trost sein) leiden?
Gefällt er Dir so, wie Du mir gefällst?
Ich könnte diesen Blumenstrauß beneiden,
weil Du ihn heute in den Armen hältst.

Wir sehn uns bald; bald lass' ich von mir hören;
der nächste schöne Tag ist für uns nah.
Und ohne Furcht vor Meineid will ich schwören:
Noch eh' die Blumen welken, bin ich da!

*

Hast Du den Brief frühmorgens schon gefunden?
Liest Du ihn erst am späten Nachmittag,
weil er ganz still und stumm durch viele Stunden
im Kasten oder in der Wohnung lag?

Wie dem auch sei — der Brief soll mit sich tragen,
wie mir, denk' ich an Dich, zumute ist;
er soll Dir schlicht und wirklich herzlich sagen,
wie lieb, wie unentbehrlich Du mir bist.

Du weißt es. Doch ich wiederhol' es ehrlich
und nehme nie etwas davon zurück:
Du bist mir lieb; Du bist mir unentbehrlich;
Du bist mein Leben, meine Welt, mein Glück!

Zwischendurch — ich muß mich sehr beeilen,
denn die Arbeit hetzt und fordert mich —
fällt mir ein, Dir in fünf knappen Zeilen
etwas Wesentliches mitzuteilen,
was Dich interessiert: Ich liebe Dich!

*

Der gestrige Abend war zauberhaft;
den Zauber verdankte er Dir.
Du hast es mit Herz und mit Liebreiz geschafft;
ganz deutlich wurde es mir:
Ja, D u bist das Mädchen, von dem ich geträumt,
weil D u meine Sehnsüchte stillst.
An Liebe schenk' ich Dir ungesäumt
und herzlich, soviel Du nur willst!

*

Ich schreibe Dir von meiner Reise,
gewissermaßen zum Beweise,
daß ich, was es auch gibt und gab,
Dich keineswegs vergessen hab'.
Vielmehr: Ich denke stets an Dich.
Aus diesem Grund beeil' ich mich,
Dir zu versichern — ja, auf Ehre! —,
daß ich Dich wirklich sehr entbehre.
Und um so mehr, muß ich gestehn,
freu' ich mich schon aufs Wiedersehn!

*

Bloß mal so zwischendurch will ich Dir schreiben:
Ich denk' an Dich — auch mitten im Betrieb.
Es ist so schön mit Dir; schön soll es bleiben.
Warum auch nicht? Wir haben uns ja lieb!
Und voller Sehnsucht will ich Dir gestehn:
Ich freue mich aufs nächste Wiedersehn!

GRÜSSE AN DEN FREUND

Ich kann energisch sein und sehr bestimmt;
im Leben läßt sich so was nicht vermeiden.
Wer Tätigkeiten, Pflichten übernimmt,
der muß selbst handeln und muß selbst entscheiden.

Warum ich Dir das schreibe? Einfach drum:
Du bist der einz'ge Mensch, dem ich gestehe,
daß ich mich liebend gerne rundherum
verwöhnt und an der Hand geleitet sehe.

Natürlich nicht von jedem! Aber Du
umschließt all meine Wünsche, meine Sorgen.
Wenn Du mir Deine Hand reichst, greif' ich zu
und fühle mich so wunderbar geborgen.

Du kümmerst Dich um mich; Du liest mir jeden
geträumten Wunsch von meinen Augen ab.
Von „Kummer" aber wollen wir nicht reden.
Du hast mich lieb; wie schön, daß ich Dich hab'!

*

Ach ja, ich denk' an Dich so sehr,
so voller Liebe immerzu.
Und doch enthält der Brief kaum mehr
als nur dies eine Wörtchen „Du"!
Dies Wörtchen freilich schließt in sich
das große Glück für Dich und mich!

Dank für den Abend gestern! Und ich trage
beglückt noch die Erinnerung in mir.
Ich geh' beschwingt durch meine, unsre Tage.
Ich habe Dich sehr lieb; ich danke Dir.

So liegt ein Zauber über allen Stunden,
die uns gemeinsam waren und noch sind.
Wie herzlich gerne bin ich Dir verbunden!
Das Glück ist nicht, wie viele meinen, blind.

Ich denke dran. Und gern will ich gestehen,
daß Du mein Glück und meine Liebe bist.
Ich freue mich aufs nächste Wiedersehen,
weil es mit Dir, mein Schatz, nur Freude ist.

*

Ich denk' an Dich am Abend und am Morgen;
ich denk' an Dich am Tage und bei Nacht.
Du teilst mit mir die Freuden und die Sorgen;
Du hast mich glücklich, hast mich froh gemacht.

Nur wer so liebt wie wir, der kann ermessen,
wie groß das Glück sein kann; wie stark und still.
Ich denke Dein; ich kann Dich nicht vergessen —
ganz davon abgesehn, daß ich's nicht will!

Mag's draußen stürmen, donnern oder regnen;
mag's draußen hageln, frieren oder schnein:
Wenn sich die Herzen, Deins und meins, begegnen,
ist um uns immer heller Sonnenschein!

Alles das, was wir uns geben,
ist so schön für Dich und mich.
Du, mein Liebster, bist mein Leben;
und das Leben liebe ich!

Weg mit Sorgen, Nöten, Klagen!
Ich bin Dein, und Du bist mein.
Laß Dir heute einfach sagen:
Ich bin froh, verliebt zu sein!

*

Ich denke gerade:
Es ist doch zu schade —
allein sitz' ich hier,
und so ähnlich geht's Dir!
Was soll man da tun?
Zum Trost schreib' ich nun:
Die Zeit geht vorüber.
Wir lachen dann drüber,
wenn — hoffentlich bald! —
ich im Arme Dich halt'.

*

Ich sag' Dir brieflich vor dem Schlafengehen
mit meinen besten Wünschen „Gute Nacht!".
In Kürze werden wir uns wiedersehen;
ich freu' mich drauf, weil es mir Freude macht.

Gedanken überwinden Zeit und Räume,
und die Gedanken grüßen Dich von mir.
Schlaf schön! Und nimm mich mit in Deine Träume!
Du weißt es ja: Ich bin so gern bei Dir!

Du staunst? Heut' kommt von mir
ein kurzer Gruß zu Dir.
Der Brief enthält, mein Schatz,
am Ende einen Satz,
der ohne Überschwang
nur kurz ist und nicht lang.
Doch dieser Satz, mein Bester,
der bindet uns viel fester
als noch so viele Worte
von inhaltleerer Sorte.
Hier steht der Satz geschrieben:
„Dich werd' ich ewig lieben!"

*

Mir werden täglich alle Stunden
durch Deine Liebe so verschönt.
Ich fühle mich Dir so verbunden;
ich fühle mich so sehr verwöhnt.

Ich danke Dir von ganzer Seele.
Trennt uns das Schicksal irgendwo,
weiß ich genau, daß ich Dir fehle.
Und Du empfindest ebenso.

Die Hoffnung wird uns immer trösten;
die Liebe lebt und bleibt bestehn.
Die Freude aber ist am größten,
wenn wir uns endlich wiedersehn!

*

Eben kommt's mir grade in den Sinn,
Dir zu schreiben, daß ich glücklich bin.
Ja, ich bin's! Und all mein Fühlen spricht:
Ohne Dich wär' ich so glücklich nicht!

Wir gratulieren — persönlich!

Unter dem Begriff „persönliche Anlässe“ verstehen wir hier den Geburtstag, die Verlobung, die Hochzeit, das „freudige Ereignis“, die Taufe, Grüße ans Patenkind, anläßlich der Einschulung und Grüße zur Konfirmation und zur Firmung. Ich könnte die Liste noch erweitern; aber diese acht „Daten“ passen mit ihren individuellen Akzenten besonders gut zusammen. Ratschläge für den Gebrauch der entsprechenden Glückwünsche erübrigen sich wohl; es kann nichts schiefgehen, wenn Sie den jeweils passenden Text heraussuchen. Achten Sie bei den Glückwünschen zur Geburt eines Kindes bitte darauf, daß Ihnen hier mancherlei geboten wird: allgemein verwendbare Texte; Texte zur Geburt eines Sohnes; Texte zur Geburt einer Tochter; Texte zur Geburt von Zwillingen; Begleittexte zu einem Geschenk und Glückwunschtelegramme. Wenn ich's zusammenzähle, sind das mehr als 100 Vorschläge. Hoffentlich reicht's.

Das wär's eigentlich; mehr brauchte hier zur Erklärung nicht zu stehen, wenn da nicht noch einige notwendige Anregungen zum Thema „Wie mache ich eine Hochzeitszeitung“ wären. Fertige Texte für ein solches Dokument kriegen Sie hier nicht; die müssen Sie schon selber machen — nach den jeweils höchst persönlichen Lebensläufen und Eigenheiten des jungen Paares. Bei den Tips greife ich auf einen Beitrag zurück, den ich mal für ein „Brigitte“-Sonderheft geschrieben habe.

Wichtig ist, rechtzeitig mit dem Sammeln von Material anzufangen: Kindheitserlebnisse, Streiche, Schulzeitanekdoten, Reisen, Berufsleben; wo und wie lernten sich die beiden kennen? Welche Interessen passen zusammen; welche nicht? Sammeln Sie Fotos von „ihm“ und von „ihr“ — am besten die Negative, dann können Sie beliebig viele Abzüge machen lassen. Wenn Sie Texte reimen können, ist es gut. Prosa tut's aber auch. Schneiden Sie aus Zeitungen und Zeitschriften geeignete Worte oder Wortteile heraus, mit denen Sie dann schlagzeilenartig Lebensläufe zusammenbasteln können.

Beliebt sind Rundfunkreportagen — zum Beispiel über seine Liebe zum Fußball oder ihre Kochkünste. Vielleicht schildern Sie das Auftreten der beiden in einem Beatschuppen?

Vieles läßt sich auch in Form von Horoskopen sagen. Machen Sie für ihn und für sie je ein Horoskop für den Hochzeitstag (die Tierkreiszeichen sind ja leicht festzustellen). Spinnen Sie ruhig drauflos, aber lassen Sie sich von Zeichen wie „Stier" oder „Jungfrau" nicht dazu verführen, taktlos zu werden. Vermeiden Sie in der Hochzeitszeitung überhaupt Plumpheiten und Geschmacklosigkeiten.

Wirkungsvoll sind immer „kleine Anzeigen"; etwa so: „Junger Ehemann sucht Schlosser, der doppelten Hausschlüssel anfertigt." — „Junge Frau sucht Kochbuch mit Bratkartoffelrezepten." — „Junges Ehepaar sucht Lehrer für Freizeitgestaltung." — Der Phantasie sind keine Grenzen gesetzt. Ziehen Sie auch möglichst jeden Gast in die Anzeigenrubrik mit hinein: „Wer schult Schwiegermutter (Anfängerin) im Mundhalten?" usw.

Noch ein Vorschlag: Wenn Sie eine Sofortbildkamera zur Verfügung haben, knipsen Sie schon am Polterabend, und kleben Sie gleich Abzüge in die Hochzeitszeitung. Sogar Schnappschüsse vom Hochzeitstag können Sie dann noch schnell vor Beginn der Familienfeier einkleben. Aktueller geht es nicht!

Wenn Sie nur e i n Exemplar der Hochzeitszeitung machen wollen, liegt der Fall klar. Entscheiden Sie sich für mehrere Ausfertigungen, gibt es zwei Möglichkeiten: 1. Sie fertigen ein Exemplar an, handgeschrieben oder getippt und mit eingeklebten Fotos; das lassen Sie fotokopieren. 2. Sie lassen Fotokopien oder Abzüge der ausgewählten Fotos in entsprechender Anzahl herstellen, tippen die Texte mit mehreren Durchschlägen oder lassen sie in einem Schreibbüro mit Durchschlägen tippen. Oder Sie schreiben den Text auf eine Matrize und lassen ihn beliebig oft abziehen. Dann kleben Sie für jeden Gast eine Zeitung. Viel Vergnügen!

So ist das Leben

Wir alle wissen, daß in unsren Landen
Analphabeten fehlen; sie verschwanden,
denn jeder lernt hier lesen, rechnen, schreiben.
Das ist vernünftig, und so soll es bleiben.
Fast alle machen — Sie natürlich auch! —
von diesen Fähigkeiten gern Gebrauch:
Aus diesem Buch z. B. schreibt man geläufig
sich manchen Vers heraus — ich hoffe, häufig —;
man rechnet mit den Geldern hin und her
und wundert sich: es wird davon nicht mehr!
Man nimmt danach, auf daß man sich entspannt,
die Zeitung oder ähnliches zur Hand;
man greift zu Hause oder in der Bahn
eventuell sogar mal zum Roman
und liest gefesselt und höchst engagiert,
was alles in so einem Buch passiert:
Da machen Kinder Spiele, Streiche, Faxen;
sie werden groß und gelten als erwachsen;
da wird herumgeschwärmt, geküßt, geliebt,
bis es dann eine Eheschließung gibt
(nicht zu vergessen: ein Beruf muß sein!);
allmählich stellt sich dann Familie ein;
es gibt Probleme, Ärger, Freuden, Sorgen;
man lebt im Heute, und man denkt ans Morgen,
bis man auf einmal — wie die Zeit vergeht! —
im Strahlenglanz der Goldnen Hochzeit steht.
Nur im Roman? — Wie oft man doch vergißt,
daß unser Leben ganz genau so ist!
Der Autor, der die Leser zwar nicht kennt,
wünscht trotzdem jedem gern ein „Happy end".

Glückwünsche zu persönlichen Anlässen

GLÜCKWÜNSCHE ZUM GEBURTSTAG

Wenn jemand allemal tagtäglich
so freundlich ist und so verträglich
und herzlich, ohne sich zu zieren,
dann wird man gerne gratulieren:
Das neue Lebensjahr sei heiter;
Glück sei der ständige Begleiter!

*

Ich wünsche wirklich herzlich heute:
das Wiegenfest sei wunderbar!
Fürs ganze neue Lebensjahr
wünsch' ich viel Glück! Und „fette Beute"!

*

Ja, auf das Geburtstagskind
trink' ich einen kräftigen Schluck,
und darin enthalten sind:
Glückwunsch, Gruß und Händedruck.

*

Ich gratuliere freilich nun zu spät;
doch schlimmer wär's, wenn ich es gar nicht tät'.
Mein Gruß erfüllt, so hoff' ich immerhin,
auch so noch seinen Zweck und seinen Sinn.

Meine kurzen Wünsche sind
eine gute Sache
heute fürs Geburtstagskind:
Lebe! Liebe! Lache!

*

Herzlich wünsch' ich Ihnen,
weil Sie es verdienen,
zum Geburtstag heut'
alles, was Sie freut!

*

Ich wünsche Dir zum Wiegenfeste
von ganzem Herzen alles Beste
und außerdem — das ist ganz klar! —
ein schönes neues Lebensjahr.

*

Diese kleine Gabe,
die ich für Dich (für Sie) habe,
ist ein Gruß, der spricht:
Ich vergess' Dich (Sie) nicht!

*

Ich wünsche Frohsinn, Glück, Erfolg, Gesundheit
und lauter Freude an des Lebens Buntheit.

*

Nach einem Glückwunsch ist mir sehr zumute;
ich gratuliere herzlich: Alles Gute!

Ist eine so reizend wie Du,
dann fliegen die Herzen ihr zu.
Drum lass' Dir als Glückwunsch dies schreiben:
So ist es, und so soll es bleiben!

*

Ich möchte hiermit als ein Glückwunsch-Zeichen
die kleine Gabe herzlich überreichen,
die freundlich grüßend dies bedeuten mag:
Ich denke wirklich gern an diesen Tag!

*

Wenn Geburtstagsfreuden winken,
kann man ruhig etwas trinken,
beispielsweise Alkohol.
Also hoff' ich, daß die Flasche
den Empfänger überrasche.
Und mein Wunsch ist: Sehr zum Wohl!

*

Ich wünsche herzlich alles Gute:
Gesundheit, Glück und Sonnenschein.
Und nun mit frischem, frohem Mute
ins neue Lebensjahr — hinein!

*

Meine Wünsche, meine Grüße
kann man sicher gut gebrauchen:
Kühlen Kopf und warme Füße,
und der Schornstein möge rauchen!

Ehrlich ist gemeint, was ich hier sage!
Ob der Himmel lächelt, ob es regnet:
Daß das Glück Dir überall begegnet,
ist mein Wunsch für Dich an diesem Tage!

*

Leider trifft mein Gruß verspätet ein.
Um so herzlicher soll er drum sein:
Möge, was Verstand und Herz auch plant,
noch viel schöner glücken als geahnt!

*

Glückwunsch! Jeder Tag im Leben
sei von Glück und Glanz umgeben;
rundherum sei alles heiter
und so weiter und so weiter!

*

An diesem Tage denke ich
in ganz besonderer Art an Dich:
Auf jedem Weg, zu allen Zeiten,
mög' Gottes Segen Dich begleiten!

*

Ich gratuliere! Und ich freu' mich sehr,
denn dieser Glückwunsch fällt mir gar nicht schwer:
Erhalten bleibe stets der alte Schwung!
Dann macht das Leben Spaß; dann bleibt man jung!

Ich versuche, ein „Gedicht“ zu drechseln:
Freu’ Dich an der Rosen stolzem Prangen!
Mit der schönsten kann man Dich verwechseln,
hältst Du sie ganz dicht an Deine Wangen!

*

Hörst Du der Blumen zarte Rede?
Vernimmst Du ihren leisen Hauch?
Von Liebe und von Glück spricht jede.
So wie sie sprechen, sprech’ ich auch!

*

Geburtstagstelegramm:
Glückwünschend steh’ ich stramm!

*

Glückwunsch! Jede Stunde sei
unbeschwert und sorgenfrei!

Reime dich, oder ich fresse dich!

Diese scherzhafte Aufforderung ist rund 300 Jahre alt; sie ist der Titel einer Satire, die Hartmann Reinhold (Pseudonym für Gottfried Wilhelm Sacer) 1673 schrieb. Wir zitieren diesen Satz auch heute noch dann, wenn uns Reimschwierigkeiten begegnen. Jeder Reimer hat mit solchen Schwierigkeiten zu kämpfen; er wird um so leichter mit ihnen fertig, je umfassender seine Kenntnisse vom Reimen sind. Hier finden Sie einige Erläuterungen, die Sie als handwerklicher Verseschmied nutzen können.

Wir verstehen hier unter „Reim“ den Endreim, also den Reim am Ende der Zeile. Was nun ist der Reim? Er ist der Gleichklang zweier oder mehrerer Wörter in den (haupt- oder nebentönigen) Schlußsilben bei verschiedenem Anlaut der ersten Reimsilbe. Anders ausgedrückt: Der Reim fordert den Gleichklang des letzten, voll betonten Vokals mit allem, was darauf folgt. Ein paar Beispiele: Tag/vermag; geben/leben; Reisender/Kreisender; fein sind / mein sind.

Jede dieser Reimarten hat ihre besondere Bezeichnung. Einen Reim wie „Tag/mag“, der einsilbig (stumpf) ist, nennt man einen männlichen Reim. Der Reim „geben/leben“ — ein zweisilbiger, klingender Reim — wird als weiblicher Reim bezeichnet. Der Reim „Reisender/Kreisender“ ist ein dreisilbiger, gleitender Reim, und „fein sind / mein sind“ fällt unter den Begriff „reicher Reim“ oder Doppelreim.

Die eben angeführten Reime und alle, die ihnen entsprechen, gelten als einwandfreie, reine Reime. In diese Gruppe gehören auch noch solche Wörter, die im Auslaut, also im letzten Buchstaben des Reimworts, harte oder weiche Konsonanten haben: b, d, g / p, t, k. Man kann also Trab/Kap, Feind/meint, Berg/Werk reimen. Mir gefallen solche Reime nicht besonders: Sie klingen zwar rein, stimmen in der Rechtschreibung aber nicht ganz überein. Da landet man unter Umständen bei einem Reim wie „Hindenburg/gradedurch", der — nachlässig ausgesprochen — einwandfrei klingt und im Grunde genommen doch falsch ist.

Falsch (vom Handwerklichen her betrachtet) sind „unreine Reime". Darunter verstehen wir Reime wie: „Geschick/Stück", „westlich/köstlich", „Fäller/Böller", „Kür/Dir", „jene/Schöne", „mähen/sehen", „Feier/Euer", „leise/Mäuse" — alles Fälle, in denen kurze Vokale, lange Vokale und Diphthonge (aus zwei Vokalen zusammengesetzte Laute) nicht übereinstimmen oder wie in folgenden Beispielen nicht gleichwertig sind: „Duft/ruft", „saßen/Gassen", „ziehn/drin", „Don/Ton" — hier reimen lange Vokale mit kurzen.

Wenn Sie all dies lernen, beherzigen und anwenden, werden Sie einwandfrei reimen. Ein Dichter sind Sie deshalb noch nicht. Dazu gehört mehr als das Handwerkliche, auf das wir uns hier beschränken.

Alle Reime, von denen wir bis jetzt gesprochen haben, hatten eines gemeinsam: Sie standen jeweils am Ende der Zeilen. Es gibt noch andere Möglichkeiten; der Vollständigkeit halber seien sie kurz aufgeführt:

Beim Binnenreim reimen Wörter innerhalb jeder Zeile.

Vom Anfangsreim spricht man, wenn in zwei Zeilen die ersten Wörter gleich klingen.

Unter Schlagreim versteht man den Gleichklang zweier aufeinanderfolgender Wörter.

Der Kettenreim verlangt, daß sich das Wort am Zeilenende auf ein Wort im Innern der nächsten Zeile reimt.

Der Anklang ist eine Art unvollständiger Reim, bei dem nur die Selbstlaute (a, e, i, o, u) der Reimsilben sich reimen.

Beim Stabreim beginnen mehrere der betonten Silben mit dem gleichen Laut.

Beim Schüttelreim, der ein Scherzreim ist, werden in zwei Zeilen die Anfangsbuchstaben der Reimwörter oder Wortteile vertauscht.

Mit solchen „Spezialitäten" brauchen wir uns nicht weiter zu beschäftigen; der Umgang mit dem normalen, üblichen Reim genügt — und er ist schon schwer genug.

GLÜCKWÜNSCHE ZUR VERLOBUNG

Zur Verlobung gratulieren wir
hoch erfreut und herzlich „ihm“ und „ihr“.

*

Verlobung — wunderbare Zeit
voll Liebe und Gemeinsamkeit!
Viel Glück dazu, daß jeder findet,
was treulich aneinander bindet!

*

Verlobung feiern viele Leute.
Doch diesem ganz besondren Paar
gilt ein besondrer Glückwunsch heute:
Vertraun und Liebe immerdar!

*

Das Wort „Verlobung“ hört man gern,
weil man gestehen muß:
Das ist für Damen und für Herrn
ein herzlicher Entschluß.
Stets sei Euch sehr verliebt zumute.
Von Herzen Glück! Und alles Gute!

*

Wer sich verlobt, der hat gut lachen!
Viel Glück! Und lauter Sonnenschein!
Die Gabe möge Freude machen
und recht erwünscht und nützlich sein!

Ob Euch Glück und Heiterkeit umwehen,
ob der Sturm des Lebens Euch umtobt:
Immer sollt Ihr treu zusammenstehen;
dazu seid Ihr schließlich ja verlobt!

*

Wir woll'n das Glas erheben:
Hoch soll das Brautpaar leben!

*

Laßt die Verlobungs-Fahnen
im frischen Wind nun wehn!
Wie schön, zu zweit zu planen
und e i n e n Weg zu gehn!

*

Zur Verlobung gratuliere ich
wirklich herzlich. Ja, ich freue mich!

*

Sie haben sich verlobt! Ich wünsche Ihnen
von Herzen Glück, weil Sie viel Glück verdienen!

*

Verlobungsglückwunsch! — Ja, nun naht
der Ernst des Lebens Eurem Pfad.
Denkt stets daran: Man kann zu zwein
gemeinsam ernsthaft heiter sein!

*

Zum Verlobungsfeste:
Herzlich alles Beste!

Verlobung! Nun kommt eine herrliche Zeit.
Ach, wenn es doch immer so bliebe!
Ich wünsche dazu von Herzen: Zu zweit
viel Glück, viel Romantik, viel Liebe!

*

Wenn sich ER und SIE verbinden,
ist man Bräutigam und Braut.
Sucht das Glück! Es ist zu finden,
wenn man liebt, wenn man vertraut!

*

Der Braut sowie dem Bräutigam
gilt dieses Glückwunschtelegramm.

*

Zur Verlobung heut',
die mich herzlich freut,
stellt mein Gruß sich ein.
Und die kleine Gabe,
die ich für Euch habe,
möge nützlich sein!

*

Grüße zur Verlobung! — Nun beginnt
eine Zeit, in der man sich besinnt:
Vieles braucht man; Teller, Töpfe, Leiter,
Möbel, Teppiche — na, und so weiter.
Fügt in Euern Hausrat dieses Stück. —
Herzlich gratuliere ich: Viel Glück!

*

Die Nachricht hat mich überrascht;
ich freu' mich um so mehr! —
Wenn Ihr die Decke (Tücher usw.) braucht und wascht,
dann denkt mal an mich her!

Ich gratuliere gern (so will's der Brauch)
dem Brautpaar nun, und der Verwandtschaft auch.

*

Die Verantwortung wird nicht geringer,
trägt man erst den goldnen Reif am Finger.
Aber wenn das Herz zum Herzen spricht,
dann wird alles leicht und alles licht.
Herzensglückwunsch! — Was Euch längst schon band,
habe festen, sicheren Bestand!

*

Ich füll' zu Haus mein Glas mit Alkohol;
glückwünschend trink ich auf des Brautpaars Wohl!

*

Ob's einen bess'ren Verlobungs-Gruß gibt?
Seid immer glücklich! Bleibt immer verliebt!

*

Wenn sich ein Paar in Liebe, Treue findet,
dann weiß es, daß der Himmel es verbindet.
Mög' Gottes Segen Euch zu allen Zeiten
auf Euerm Weg behüten und geleiten!

*

Vergleichbar den Verlobungsringen
aus echtem, fugenlosem Gold,
so bleibe Euch in allen Dingen
das Glück der Liebe immer hold!

*

Kräftiger Verlobungs-Schluck:
Glückwunsch, Gruß und Händedruck!

Noch ein Reimkapitel

Die Versdichtung der Antike in Griechenland und Italien kannte den Reim überhaupt nicht. Die germanische Dichtung benutzte den Stabreim, dem unter anderen Richard Wagner neue Bezirke erobern wollte („Winterstürme wichen dem Wonnemond . . .“).

Erst der Mönch Otfried von Weißenburg (aus dem Kloster Weißenburg im Elsaß) hat bei uns den Reimvers in größerem Umfang und mit Konsequenz durchgeführt: Im Jahre 868 schloß er die Arbeit an seinem gereimten „Evangelienbuch“ ab. Diese Art des Reimens stammt aus der vulgärlateinischen Dichtung: Aus ihr ist sie sowohl in den lateinischen kirchlichen Hymnus wie in die romanische Volkspoesie übergegangen. Wolfgang Kayser schreibt in seinem Buch „Kleine deutsche Versschule“: „Es war eine folgenschwere Neuerung, als der Reim im 9. Jahrhundert, von der mittelalterlichen Hymnendichtung kommend, in unsere Dichtung eindrang. Eine folgenreiche Neuerung, denn mit ihm wandelte sich viel in der Versordnung selber. Der Reim bindet ja nicht nur, er sondert auch; indem er nach sich eine Pause verlangt, macht er das Ende der Zeile ohrenfällig, stärkt er die Einheit der Zeile und schafft, durch die Erwartung eines Reimwortes in einer kommenden, höhere Einheiten. Die ganze vielfältige Entwicklung der Strophe wäre ohne den Reim nicht denkbar gewesen. Endlich aber bedeutete seine Aufnahme eine folgenschwere Neuerung, da man nun auch den Zeilenbau der Dichtungen nachahmte, in denen er beheimatet war. Die sehr frei gefüllte germanische Langzeile wurde durch Verse mit strengem Auf und Ab, durch jambisch oder trochäisch gebildete Zeilen allmählich verdrängt. Eine Dichtung in diesem Maß hieß ein „Carmen Rhythmikum“, im Französischen „rime“, und in dieser Bedeutung übernahmen wir das Wort „rîm“ im 12. Jahrhundert. „Reim“ meinte zunächst den ganzen gereimten Vers, und so blieb es bis zu Opitz.“

Heute verstehen wir unter „Reim“ den „Endreim“, und mit ihm schlägt sich der Deutsche schon jahrhundertelang herum. So wirken die meisten Reime abgenutzt, und die Zahl neuer Reime hält sich in Grenzen. Fremdwörter, Eigennamen, neue Bezeichnungen aus den Gebieten der Wissenschaft, der Technik, der Zivilisation bringen zwar neues „Material“: aber der alte Bestand bleibt — zumal für jene handwerklichen Bezirke, in denen die Glückwunschtexte angesiedelt sind. Und mögen uns auch die Reime Herz/Schmerz, Liebe/Triebe, Bäume/Träume abgedroschen und fast abgeschmackt vorkommen — ohne sie und ohne ähnlich oft benutzte Reime kommen wir nicht aus. Wir brauchen sie als Klangmittel. Wer sie braucht, der muß aber seine Reime mit aller Sauberkeit und Sorgfalt fügen.

Wer zufällig einmal im Gespräch oder in einer Rede einen Reim macht, der wird oft schon bestaunt und „Dichter“ tituliert. Der Reim stempelt natürlich noch lange nicht dazu. Und ich kann es nicht oft genug sagen: In diesem Buch wird nicht gedichtet, sondern gereimt — möglichst einwandfrei gereimt. Wer das Reimen lernen will, sollte nicht von Dichtung und Lyrik träumen oder seine handwerklichen Fehler mit dichterischer Freiheit entschuldigen wollen: „Goethe hat frankfurterisch ‚ach neige, du Schmerzensreiche . . .‘ gereimt; ich reime ‚die alte Dame keucht, von ihrer Last gebeugt . . .‘ — Goethe machte einen Fehler; ich mach' einen Fehler — also dichte ich wie Goethe.“ Diese Art von Logik, die aus negativen Gemeinsamkeiten positive Schlüsse zieht, ist zwar weit verbreitet, aber falsch.

Zum Abschluß dieses Kapitels ein Zitat aus dem Büchlein „Gespräche über Kunst“ von Bernt von Heiseler (Scherpe Verlag, Krefeld 1947). Der Auszug soll andeuten, wie man über alte und neue Möglichkeiten des Reimes nachdenken kann: „Es ist zum Beispiel unmöglich, ‚finden‘ und ‚singen‘ als Reimpaar zu setzen. Denn d und g haben wohl für sich genommen gleiches Gewicht, aber in der Zusammenstellung mit dem n verliert das d nichts von seinem Gewicht, dagegen das g fast alles: ‚singen' klingt schon fast wie ‚-immen' und ‚-innen' und muß mit diesen Silben gereimt werden. Eine weitere Einschränkung: Ich glaube, daß ein Reim nur entweder vokalisch ungenau oder konsonantisch ungenau sein darf. Also: ‚Schönen/Tränen' oder ‚Schönen/strömen', aber nicht ‚Tränen/strömen' . . . das würde den Reim ins Unkenntliche verwischen, er würde als Reim nicht mehr gehört werden."

GLÜCKWÜNSCHE ZUR HOCHZEIT

Glück und Segen mögen alle Zeiten
durch ein langes Leben Euch begleiten!

*

Es sei in einem langen Leben
das junge Paar von Glück umgeben.
Was immer in der Welt geschehe:
Stets liebevoll sei Eure Ehe!

*

Lauter Liebe, Glück und Frieden
sei dem jungen Paar beschieden!

*

Diese Gabe, herzlich präsentiert,
ist mit besten Wünschen eng gekoppelt:
Jede Freude sei fortan gedoppelt;
jede Sorge sei fortan halbiert!

*

Zum Lebenswandel Hand in Hand:
Viel Glück! Viel Liebe! Viel Verstand!

*

Geht allezeit im gleichen Schritt;
dann gehen Glück und Liebe mit!

Glückwunsch zur Eheschließung! Gottes Segen
begleiten Sie auf allen Ihren Wegen!

*

Nach Glückwunsch ist mir sehr zumute:
Dem jungen Paare alles Gute!

*

Wenn zwei so Liebenswerte Hochzeit machen,
dann wird der Himmel ihnen strahlend lachen.
Wir wünschen wirklich herzlich, daß die Ehe
stets unter einem guten Sterne stehe!

*

Denk' ich an Euch, ist mir nicht bänglich:
Ihr paßt zusammen — lebenslänglich!

*

Zur Hochzeit pflegt man was zu schenken.
Wir tun es gerne; das ist klar.
Glückwunsch und herzliches Gedenken
dem frischgebacknen Ehepaar!

*

Was auch immer kommen mag:
Schön wird jeder Ehe-Tag,
wenn mit liebendem Vertrauen
beide aufeinander schauen!

*

Wenn die Hochzeitsglocken läuten,
soll ihr Rufen dies bedeuten:
Nichts kann Eure Liebe rauben,
steht Ihr fest und klar im Glauben!

Gemeinsam alles tragen:
die Freude und den Schmerz.
Gemeinsam alles wagen:
das bindet Herz an Herz.
So sollt Ihr vorwärts schauen,
und so schaut Ihr zurück:
Aus liebendem Vertrauen
erwächst beständ'ges Glück!

*

Hochzeitstelegramm. Ein Satz:
Jeder sei des andern Schatz.

*

Im Telegrammstil konzentriert:
Man freut sich mit! Man gratuliert!

*

Mit den Blumen nehmt den Wunsch entgegen:
Lauter Glück auf allen Lebenswegen!

*

Daß dieses kleine Angebinde
nun Euer beider Beifall finde,
das hoff' ich sehr! Könnt Ihr's verwenden?
Und Euer Glück soll niemals enden!

*

Es kommt der bunte Blumenstrauß
mit besten Wünschen Euch ins Haus.
Seid froh und glücklich allezeit
in herzlicher Gemeinsamkeit!

Herzlich: Guten Ehe-Start!
Lauter Glück! Und gute Fahrt!

*

Eure Liebe soll vor allen Dingen
stetig Euch einander näherbringen.
Niemals lasse Euch das Glück im Stich.
Jeder wünscht Euch das; vor allem ich!

*

Mag die Sonne scheinen, mag es regnen,
mag es Sommer oder Winter sein:
Immer möge Euch das Glück begegnen.
Wenn es Euch begegnet, ladet's ein!

*

Nun schmiedet eigenhändig
das Ehe-Glück — zu zweit.
Mein Wunsch: Es sei beständig
und haltbar allezeit!

*

Die Ehe ist gewiß kein Tand
und keine Spielerei.
Bewähren muß sich ihr Bestand
im Alltags-Einerlei.
Mit Lust und Liebe geht daran,
und leicht wird alles gehen.
Ihr seid ja schließlich Frau und Mann
in Liebe und Verstehen!

Beispiele für Strophen-Formen

Zu einer Strophe gehören mindestens zwei Verse (Zeilen). Über die kürzeste Strophenform, das Distichon, haben wir schon gesprochen. Das einzelne Distichon eignet sich am besten für Sprüche und Sentenzen. Man kann Distichen auch aneinanderreihen; für unsere Praxis läßt sich darauf verzichten, zumal uns viele gängigere und eingängigere Strophenarten zur Verfügung stehen. Dabei wollen wir uns an diese Definition halten: Eine Strophe ist eine größere rhythmische Periode, die durch Verbindung mehrerer Verse entsteht und sich in gleicher Form ein oder mehrere Male wiederholt.

Nach dem zweizeiligen Distichon (ungereimt) ergibt sich als nächstgrößere Einheit die dreizeilige Strophe, die Terzine. Als Beispiel für ihren Ablauf der Beginn von Goethes Gedicht: „Schillers Reliquien":

„Im ernsten Beinhaus war's, wo ich beschaute,
wie Schädel Schädeln angeordnet paßten;
die alte Zeit gedacht ich, die ergraute.

Sie stehn in Reih geklemmt, die sonst sich haßten,
und derbe Knochen, die sich tödlich schlugen,
sie liegen kreuzweis, zahm allhier zu rasten."

Der Reim läuft demnach so: a b a, b c b, c d c usw.

Die Terzine ist die Strophe Dantes („Göttliche Komödie"); im Deutschen wurde sie besonders von Hofmannsthal (1874—1929) gepflegt. Sehr gebräuchlich ist sie nicht.

Eine Abart der Terzine ist das Ritornell: eine dreizeilige Strophe aus einem jambischen Fünfsilber (Frage oder Ausruf) und zwei Elfsilbern; es reimen sich jeweils die 1. und 3. Zeile, während die 2. reimlos bleibt.

Am vertrautesten ist uns die vierzeilige Strophe; ihr Reimschema ist a b a b, und meist wechseln weibliche und männliche Reim-Ausgänge; sie ist uns aus vielen Volksliedern (meist jambisch) bekannt. Ich zitiere die ersten vier Zeilen einer Weise aus dem 17. Jahrhundert:

„Wer jetzig Zeiten leben will,
muß haben tapfers Herze;
es sein der argen Feind so viel,
bereiten ihm groß Schmerze."

Die deutschen Romantiker (u. a. Brentano, Eichendorff) haben in den Jahrzehnten um 1800 die vierzeilige Strophe in ihrer volkstümlichen Lyrik mit Vorliebe verwendet.

Die fünfzeilige Strophe kann die Reime unterschiedlich verteilen. Am gebräuchlichsten ist die Abfolge a b a a b:

„Das aber kann ich nicht ertragen,
daß so wie sonst die Sonne lacht;
daß wie in deinen Lebenstagen
die Uhren gehn, die Glocken schlagen,
einförmig wechseln Tag und Nacht."
Theodor Storm

Auch alle anderen Varianten sind möglich — also: a a b a b; a a b b a; a b b a b; a b b a a; a b a b a; a b b b a. Beispiele finden Sie hier und da in der Literatur, so für a b b b a bei Emanuel Geibel:

„Glaub mir, die Herrschaft ist ein Zauber eigner Art
und stark genug, den Stärksten zu betören.
Wer oben steht, mag keine Weisheit hören,
und würde sie von Engelschören
ihm durch ein Wunder offenbart."

Für alle Varianten gibt es Beispiele bei Josef Weinheber (1892—1945). Die fünfbändige Ausgabe „Sämtliche Werke" ist 1953 im Otto Müller Verlag, Salzburg, erschienen.

Über weitere Strophenmöglichkeiten informiere ich Sie im nächsten Zwischenkapitel auf Seite 90.

GLÜCKWÜNSCHE ZUR SILBERNEN HOCHZEIT

Die meisten dieser Glückwünsche sind, entsprechend abgewandelt, auch zur Goldenen Hochzeit zu verwenden.

Viel Glück dem teuren Silberhochzeitspaare
zunächst für weitere fünfundzwanzig Jahre!

*

Glückwunsch-Gruß zur Silberhochzeitsfeier.
Welch ein schöner Tag! Gepriesen sei er!

*

Was Ihr (Sie) in fünfundzwanzig Ehejahren
an Schmerz und Freude, Lust und Leid erfahren,
das zieht — gerafft wie in der Filmerei —
an Eurem geist'gen Auge heut vorbei.
Welch eine Zeit, im täglichen Vollbringen
des Glücks, der Sorge und des Weiterstrebens!
Welch eine Zeit, die Ihr fest überstanden,
weil Herzen in Gemeinsamkeit sich fanden!
Welch eine Zeit; im täglichen Vollbringen
der Umwelt Achtung, Liebe zu erringen!
So steht Ihr da im Schmuck des Silberkranzes:
ein Vorbild einzeln jeder und als Ganzes!
Glückwunsch dem stolzen Paare! Glück und Segen
begleite es auf allen seinen Wegen!

Silberhochzeitstelegramm:
Lebt noch lange Zeit zusamm'!
Macht gesund, aktiv und heiter
schaffensfroh und glücklich weiter!

*

Daß Euch das Leben stets aufs neue
in treuem Beieinanderstehn
an jedem Tage herzlich freue:
Der Wunsch mög' in Erfüllung gehn!
Dem Silberpaare sei beschieden
noch eine lange, lange Zeit
in Glück, Gesundheit, Frohsinn, Frieden,
erlebt in schönster Zweisamkeit!

*

Stellt man an diesem Ehrentage
— er bringe lauter Glück ins Haus! —
vielleicht sich selbst einmal die Frage:
„Was zeichnet diese Ehe aus?“,
dann wird man leicht die Antwort finden:
Wo eines so zum anderen paßt,
wo Herz und Tatkraft sich verbinden,
da ist das Glück sehr gerne Gast!
Da strahlt des Lebens schönste Blüte,
die Nächstenliebe, hilfsbereit.
Da werden Redlichkeit und Güte
zu schönster Selbstverständlichkeit.
Sie kannte weder Furcht noch Schwanken;
in allem hat sie sich bewährt. —
Ich möchte gratulierend danken
zum Tage, der sich silbern jährt.

Welche wunderbare,
reich erfüllte Zeit:
Fünfundzwanzig Jahre
der Gemeinsamkeit!
Möge Euch das Leben
nun auch weiterhin
Glück und Freude geben,
Mut und heiteren Sinn!

*

Kaum zu glauben: Fünfundzwanzig Jahre!
Wie so schnell die Zeit im Glück vergeht!
Und man gratuliert dem Silber-Paare,
das so mittendrin im Schaffen steht:
Immer sei das Leben voller Lieder! —
Bei der „Goldenen“ sprechen wir uns wieder!

*

Unserem Silberpaar, dem lieben:
Glückwunsch wird heut groß geschrieben!
Laut ertönt der Jubelsang:
Weiter so — jahrzehntelang!

*

Herzens-Gratulation!
Fünfundzwanzig Jahre schon!
Gottes Segen, Gottes Walten
mögen Euch gesund erhalten,
und das Glück, vergnügt und heiter,
bleibe ständiger Begleiter!

Liebe Eltern!

Wir gratulieren unserem Elternpaare,
um das mit Recht sich heute alles dreht,
und das nun fünfundzwanzig lange Jahre
gemeinsam durch ein reiches Leben geht.

Wir danken für die Liebe, Sorge, Treue,
mit der Ihr uns geleitet und geführt.
Und unser Wunsch soll sein, daß Ihr aufs neue
die Dankbarkeit der Kinderherzen spürt.

Bleibt stets gesund; bleibt zuversichtlich-heiter,
und bleibt uns das, was Ihr uns wart und seid.
Dann geht das Leben miteinander weiter
in schönster Freude und Verträglichkeit!

GLÜCKWÜNSCHE ZUR GOLDENEN HOCHZEIT

Manche dieser Glückwünsche sind, entsprechend abgewandelt, auch zur Silbernen Hochzeit zu verwenden.

Fünfzig Jahre in Gemeinsamkeit!
Glück und Wehmut werden Euch bewegen,
tritt beim Rückblick auf die lange Zeit
der Erinn'rung dies und das entgegen.

„Freude! Glück!“ Dies hat des Schicksals Schrift
heiter in des Lebens Buch geschrieben.
Doch auch Schmerzliches, das jählings trifft,
ist dem Leben nicht erspart geblieben.

Narben bleiben; Wunden sind verheilt.
Würdigend, verehrend läßt sich sagen:
Einer hat des anderen Glück geteilt,
einer hat des anderen Last getragen. —

Glückwunsch! Dank! So will's nun mal der Brauch.
Und dem Goldnen Paare sei in Frieden
— ihm zur Freude, und zu unserer auch! —
noch manch ungetrübtes Jahr beschieden!

*

Dem Goldnen Paar, das heute jubiliert,
wird in Verehrung herzlichst gratuliert!

Unvergeßlich, wie Ihr vorm Altare
Euch das Ja-Wort gabet — Hand in Hand.
Dank dem HERRN, der nun schon fünfzig Jahre
schützend, segnend Euch zur Seite stand.

Unter SEINER wunderbaren Führung
gingt Ihr sicher Euren Lebenspfad.
Und es denkt das Herz in frommer Rührung,
was ER unablässig für Euch tat.

Seid getrost; auf IHN könnt Ihr stets bauen,
denn der HERR verläßt die Seinen nicht.
Die IHM folgen und die IHM vertrauen,
sehen SEINE Herrlichkeit, SEIN Licht!

*

Solches Jubelfest ist wirklich selten.
Darum sollen diesem „Goldenen Paare“
Grüße, Glückwunsch und Verehrung gelten:
Lebensfreude noch für viele Jahre!

*

Ich will an diesem Tag nicht stören,
wo solche Menge schon erscheint;
ich lasse schriftlich von mir hören.
Mein Gruß will, herzlich-gut gemeint,
das Fest ganz kurz nur unterbrechen:
Ich gratuliere freundschaftlich!
Nun lass' ich diese Blumen sprechen;
die können's besser noch als ich!

Da bin ich schon:
Gratulation!
Seid immer frohen Mutes!
Es widerfahr'
dem Goldnen Paar
auch künftig lauter Gutes!

*

Dem Paar, das heute „Goldne“ hat,
dem gratulier' ich hier
mit „vivat“ und mit „floreat“.
Das „crescat“ spar' ich mir!

*

Fünfzig Jahre seid Ihr Mann und Frau:
Vorbildlich und beispielhaft — genau!
Fünfzig Jahre seid Ihr Frau und Mann:
Jeder gratuliert, so gut er kann.
Fünfzig Jahre seid Ihr nun ein Paar:
Glück, Gesundheit, Frieden immerdar!

*

Dem Goldenen Jubelpaare,
das man allseits verehrt,
sei noch für viele Jahre
zweisames Glück beschert!

*

Mein Glückwunschtelegramm ist kurz und schmuck.
Zur „Goldnen“: Gruß, Verehrung, Händedruck.

Liebe Eltern!

Wir alle feiern heut aus gutem Grunde
den Tag, der Eurem Leben Glanz verleiht.
Wir gratulieren Euch zu dieser Stunde
in dankbar-herzlicher Verbundenheit.

Wir danken Euch in stiller, echter Rührung
für alles, was Ihr je für uns getan.
Und Eure liebevolle, feste Führung
gab sichre Richtung unserer Lebensbahn.

Umsorgt habt Ihr uns stets; bewahrt, geleitet.
Ihr wart uns Zuflucht, wart uns Trost und Halt.
Ihr habt uns für das Leben vorbereitet;
wir waren's, denen Eure Liebe galt.

So war es stets, und so ist es geblieben
auf allen unseren Wegen — dort und da.
Wohin uns auch des Lebens Stürme trieben:
In Freud und Leid wart Ihr uns immer nah.

Wir danken Euch. Drum nehmt an diesem Tage
den Glückwunsch an von jedem, der Euch liebt.
Wir danken Euch. Ihr seid ganz ohne Frage
die allerbesten Eltern, die es gibt!

Weitere Strophenarten und -abarten

Im vorigen Strophen-Kapitel haben Sie zwei-, drei-, vier- und fünfzeilige Strophen kennengelernt. Damit ist die Kunst noch lange nicht am Ende. Schillers „Taucher“ beispielsweise besteht aus sechszeiligen Strophen:

„Wer wagt es, Rittersmann oder Knapp,
zu tauchen in diesen Schlund?
Einen goldenen Becher werf' ich hinab!
Verschlungen schon hat ihn der schwarze Mund.
Wer mir den Becher kann wieder zeigen,
er mag ihn behalten, er ist sein eigen.“

Und aus sieben Zeilen fügt sich Schillers „Bürgschaft“-Strophe:

„Zu Dionys, dem Tyrannen, schlich
Damon, den Dolch im Gewande;
ihn schlugen die Häscher in Bande.
„Was wolltest du mit dem Dolche, sprich!“
entgegnet ihm finster der Wüterich.
„Die Stadt vom Tyrannen befreien!“
„Das sollst du am Kreuze bereuen.“

Die sechszeilige Strophe besteht, anders gesehen, aus einem Vierzeiler mit angehängtem Zweizeiler, so, wie die siebenzeilige Strophe sich aus einem Fünf- und aus einem Zweizeiler zusammensetzt. Trotzdem behält jede Form ihren eigenen Charakter; sie umfaßt einen bestimmten Gedanken, eine bestimmte Situation und setzt sich von daher schon von der nächsten Strophe nicht nur zwischenräumlich ab. Wenn Sie sich in der Kunst dieser Strophen einmal selbst versuchen, werden Sie — eine Spur von Empfindung für Form vorausgesetzt — bald merken, daß man mit diesen Strophen nicht einfach unwillkürlich umgehen kann. Form und Inhalt bilden eine Einheit, die individuell behandelt, aber nicht mechanisch gebastelt werden soll. — Der Ordnung halber: sechs- und siebenzeilige Strophen können natürlich auch anders gereimt werden als in unseren Beispielen, die nach dem Schema a b a b c c bzw. a b a b b c c reimen.

Die achtzeilige Strophe besteht oft aus zwei aneinandergefügten Vierzeilern. Ein wirklich achtzeiliges Gefüge ist die Stanze. Sie entstand in der italienischen Renaissance, die im 14. Jahrhundert begann, und wurde in alle europäischen Kultursprachen übernommen. Ihr Reimschema ist a b a b a b c c. In Italien hatte jede Zeile elf Silben; in Deutschland führte vor allem Goethe die Abwechslung von weiblichem (–́ ◡) und männlichem (–́) Ausgang ein; so wurde die Stanze bei uns heimisch. Ein Beispiel aus Goethes „Epilog zu Schillers Glocke“:

„Er hatte früh das strenge Wort gelesen,
dem Leiden war er, war dem Tod vertraut.
So schied er nun, wie er so oft genesen:
nun schreckt uns das, wofür uns längst gegraut.
Doch schon erblicket sein verklärtes Wesen
sich hier verklärt, wenn es herniederschaut.
Was Mitwelt sonst an ihm beklagt, getadelt,
es hat's der Tod, es hat's die Zeit geadelt.“

Der feierliche Charakter der Stanze bringt es mit sich, daß sie meist in hymnischen, umfangreichen Gedichten Anwendung findet — sie ist nicht „alltäglich“.

Eine Abart der Stanze ist die Siziliane; sie reimt a b a b a b a b. Die Schwierigkeiten, die das Suchen der passenden Reime mit sich bringt, hat bei uns der weiteren Verbreitung der Siziliane im Wege gestanden.

Dem Sonett gebührt und gehört ein besonderes Kapitel. Sie finden es (mit Hinweisen auf weitere Gedichtformen mit festen Zeilenzahlen) auf Seite 122.

Gratulationen zum
„Freudigen Ereignis"

a) Allgemein verwendbare Glückwünsche

Dem Knaben (der Tochter) kann man, ohne sich zu zieren,
zu solchen Eltern wirklich gratulieren!

*

Glückwunsch, daß Ihr einen Knaben (eine Tochter) habt.
Euer Knabe (Eure Tochter) ist bestimmt begabt!

*

Mein Glückwunsch (ohne viel Theater):
Stets sei das Glück dem (der) Kleinen nah.
Ich gratuliere der Mama
und selbstverständlich auch dem Vater!

*

Manche möchten einen Knaben,
manche eine Tochter haben;
manche, die vernünftig sind,
warten einfach auf ein Kind.
Nun ist's da; nun ist's passiert.
Man wünscht Glück, man gratuliert!

*

Vom Nachwuchs hörte ich grad eben.
Ich freue mich! Hoch soll er leben!

Ob man's bettet, ob man's wiegt,
ob das Kind im Körbchen liegt:
So ein Kind ist wunderbar!
Glückwunsch, Gruß dem Elternpaar!

*

Für manche liegt die Frage nah:
„Wiegt's fünf, wiegt's sieben Pfund?"
Hauptsache ist, das Kind ist da
und rundherum gesund.
Zu einem solchen „guten Stück"
sei hiermit gratuliert. Viel Glück!

*

Glückwunsch zum erfüllten Traum!
Mag das Kind auch lauthals brüllen
und das Heim mit Lärm erfüllen:
Schönres Lärmen gibt es kaum!

*

Kinder sind das höchste Gut auf Erden.
Glückwunsch! Möge Eures glücklich werden!

*

Der Nachwuchs, lange schon erwartet,
ist auf der Erdenbahn gestartet.
Dem Menschlein wünscht man, daß es leicht
in jedem Fall sein Ziel erreicht.

b) Zur Geburt eines Sohnes

Laut erschallt der Glückwunsch-Jubelton
für die stolzen Eltern und den Sohn:
Zueinander mögt Ihr stets bewahren
Liebe und Vertrauen — in allen Jahren!

*

Ein beneidenswerter Bube!
Denn er findet bei Euch immer
eine gute Kinderstube
und ein frohes Kinderzimmer!

*

Glückwunsch! Daß der kleine Mann
seine Eltern stets aufs neue
glücklich mache und erfreue:
Dieser Wunsch kommt sicher an!

*

Glückwunsch zu dem muntren Knaben!
Immer mögt Ihr an dem Süßen
ungetrübte Freude haben.
Laßt Euch alle herzlich grüßen!

*

Wer Euch etwas näher kennt, ermißt,
wie es Euch nun so ums Herze ist.
Freude, Stolz und Glück: Ein Sohn! Ganz prächtig!
Glückwunsch auch von uns; wir freun uns mächtig!

c) zur Geburt einer Tochter

Glückwunsch zur Tochter — ganz geschwind:
Nur Glück und Freude jetzt und später!
Ach ja, die Töchter-Mütter sind
mit Recht sehr stolz. Und erst die Väter!

*

Zum Töchterchen kommt pünktlich heut
der Glückwunsch: Ich bin (wir sind) hocherfreut!
Die Süße soll mit Frohsinn, Lachen
Euch immer neue Freude machen!

*

Glückwunsch zur Tochter! Welch ein Schatz!
Und sicher stimmt auch dieser Satz:
Ein Töchterchen, anmutig, fein,
ist stets des Hauses Sonnenschein!

*

Ein Töchterchen — wie mich das freut!
Und deshalb gratulier' ich heut
besonders liebevoll Euch beiden.
Ihr seid tatsächlich zu beneiden!

*

Glückwunsch zum Töchterchen! Da liegt es friedlich
(es ist natürlich ganz besonders niedlich!)
und atmet satt in seiner Pracht-Umhüllung.
Entscheidend aber ist und bleibt die Füllung!

d) Zur Geburt von Zwillingen

Gruß und Glückwunsch möcht' ich herzlich koppeln
für die Eltern und das süße Paar:
Möge sich an jedem Tag im Jahr
alle Freude lebenslang verdoppeln!

*

Ein Pärchen! Ach, ich freu' mich sehr!
Gibt es an Arbeit jetzt zwar mehr,
so wird doch auch, das leuchtet ein,
die Freude glatt verdoppelt sein!

*

Zwei Jungen! Glückwunsch! Mir will scheinen:
Das sieht sich bald schon praktisch an!
So hat doch jeder immer einen,
mit dem er richtig sprechen kann!

*

Zwei Mädchen! Das ist wirklich nett!
Den Arbeitsberg, in dem Sie stecken,
wird Doppelfreude überdecken. —
Glückwunsch zum reizenden Duett!

*

Zum Zwillingspärchen Glück und Segen!
Und leicht kommt man zu diesem Schluß,
daß man der Doppelfreude wegen
auch doppelt gratulieren muß!

e) Glückwünsche mit einem Geschenk

Jedes noch so nette Kindel
braucht ja schließlich manche Windel.
Deshalb leg' ich davon drei
herzlich meinem Glückwunsch bei!

*

Wie gern ich an Dich (Sie) denk',
das zeigt Dir (zeigt Ihnen) mein Geschenk.
Glück wünsch' ich noch und noch:
Der Nachwuchs lebe hoch!

*

Den Eltern gratuliere ich
zum Nachwuchs herz- und inniglich.
Und meine Gabe möge allen
auf angenehme Art gefallen!

*

Ein Kindchen stellte sich bei Ihnen ein.
Ich wünsche Glück! Ich find' es wundervoll!
Und meine ganz bescheidne Gabe soll
der Ausdruck meiner großen Freude sein!

*

Zum freudigen Ereignis möchte ich
gleich beste Grüße, beste Wünsche senden.
Viel Glück! — Und läßt die kleine Gabe sich
— erwünscht, erfreuend, gut gemeint — verwenden?

f) Glückwunschtelegramme

Zu dem neuen guten Stück
alles Gute und viel Glück!

*

Glückwunsch zum Töchterlein.
Stets mög' es fröhlich sein!

*

Ein Söhnlein wunderbar:
Glückwunsch dem Elternpaar!

*

Nachwuchs ist da!
Glückwunsch. Hurra!

*

Glückwunsch! Klarer Fall:
Freude überall.

*

Dem Sohne (der Tochter) sei beschieden
Gesundheit, Glück und Frieden.

*

Der Glückwunsch soll Euch (Sie) schnell erreichen.
Wir freuen uns — Ausrufungszeichen.

*

Wir gratulieren Ihnen
zum Söhnchen, das erschienen.
(Oder: zur Tochter, die erschienen.)

*

Dieses Telegramm kommt ganz geschwind.
Glückwunsch allen, die beteiligt sind!

*

Zum Söhnchen (zur Tochter) Glückwunsch und Applaus,
und besten Gruß von Haus zu Haus!

GLÜCKWÜNSCHE ZUR TAUFE

Dem Täufling mög' es immer wohlergehen!
Ihm und den Eltern gratuliert man gern.
Es möge unter einem guten Stern
das ganze Leben der Familie stehen!

*

Am Tauftag wünschen wir aus tiefster Seele,
daß es an Gottvertrauen niemals fehle.
Ja, wer an Gottes Hand durchs Leben schreitet,
der bleibt behütet und wird gut geleitet!

*

Unser Wunsch kommt mit Bedacht:
Lass' Dir niemals rauben,
was das Leben wertvoll macht:
Hoffen! Lieben! Glauben!

*

Zum Tauftag wünschen wir das Beste!
Es möge von dem hohen Feste
ein Strahlen ausgehn, das die Welt,
in der Du leben wirst, erhellt!

*

Am Tauftag, den Sie heut' begehen,
ist unser Glückwunsch pünktlich da.
Wir können uns heut' zwar nicht sehen;
im Geist jedoch sind wir uns nah!

Zum Tauftag bringen wir die Wünsche dar,
die wir in unseren Gedanken hegen:
An jedem Tage und auf allen Wegen
begleite Gottes reicher Vater-Segen
den kleinen Täufling und das Elternpaar!

*

Auch von unserer Seite
ist der Taufwunsch klar:
Gott der Herr begleite
Kind und Elternpaar!
Alles wird gelingen,
wenn — was man auch tut —
über dem Vollbringen
Gottes Segen ruht!

*

Unser Wunsch: Viel Glück dem Kleinen!
Mög' dem Täufling leuchtend-froh
stets die helle Sonne scheinen —
und den Eltern ebenso!

*

Der Gruß ist wirklich gut gemeint:
Wir wünschen herzlich alles Beste
zu diesem feierlichen Feste,
das jung und alt so froh vereint.
Der Tauftag möge allgemein
und rundum voller Freude sein!

*

„Mit Gott" zu wandeln
hat stets seinen Sinn.
„Mit Gott" zu handeln
bringt Herzens-Gewinn.
„Mit Gott" also wag' es!
Es strahle der Schein
des festlichen Tages
ins Leben hinein!

Patenkinder

Auf den folgenden Seiten finden Sie zehn „Grüße ans Patenkind“. Was ist ein Pate? Ein Pate ist Zeuge der christlichen Taufe (bzw. Firmung) und Bürge für die Erziehung des getauften bzw. gefirmten Kindes im christlichen Glauben. So sollte es sein. Und wie ist es oft? Der Pate — es kann natürlich auch eine Patin sein — fühlt sich durch die Antragung der Patenschaft geehrt, sagt sein Erscheinen am Tauftag zu, bringt etwas Silbernes mit, bestaunt gerührt das Patenkind, genießt Taufhandlung und die anschließende weltliche Feier, verabschiedet sich spät und läßt nie mehr oder nur selten noch von sich hören. Aus ist es mit der Erziehungsbürgschaft! Zwischendurch mal ein Geburtstagsgeschenk ist nicht viel mehr als ein Zeichen schlechten Gewissens. Hier haken unsere „Patenkindgrüße“ ein. Möglich, daß sie den einen oder anderen so verwenden können, wie er da steht. Wenn's nicht so sein sollte, dann mögen diese Texte Sie wenigstens dazu veranlassen, sich mehr als bisher um Ihr Patenkind zu kümmern: ihm zu schreiben, es zu besuchen, mit ihm zu sprechen, sein Vertrauen zu gewinnen und in seinem Leben den Platz einzunehmen und auszufüllen, der sich aus der Patenschaft ergibt.

Grüße ans Patenkind

Mein liebes Patenkind! Ich will Dir schreiben,
daß ich mit den Gedanken bei Dir bin.
Denn wenn wir zwei nicht in Verbindung bleiben,
dann hat die Patenschaft ja keinen Sinn.

Ich möchte schließlich Deinen Weg begleiten.
Du weißt, ich kann es meistens nur von fern.
Da gibt es manchmal manche Schwierigkeiten.
Doch wo ich helfen kann, helf' ich Dir gern!

Ob Dir zum Lachen ist, ob mal zum Weinen:
Du kannst mir immer sagen, was Du denkst.
Ich freue mich, wenn Du im allgemeinen
und im besondren mir Vertrauen schenkst.

Ich werd' es nicht verquatschen und verpetzen;
abscheulich handelt, wer sich so benimmt!
Und mich in Deine Lage zu versetzen:
Herzlich versuchen will ich es bestimmt!

Vielleicht kann ich Dich trösten, kann Dir raten
in manchem, was geschieht und was geschah.
So sehe ich die Pflichten eines Paten:
Wenn Du mich brauchst, dann bin ich für Dich da.

Ich könnte es beschwören:
Vergessen bist Du nicht!
Heut' lass' ich von mir hören
mit diesem Kurz-Gedicht.

Lass' mich Dir herzlich sagen
— die Post bringt es geschwind —:
Ich denk' an allen Tagen
an Dich, mein Patenkind!

*

Diese Karte, lustig bunt,
ist für Dich natürlich.
Sei vergnügt und bleib' gesund!
Bald schreib' ich ausführlich.

Ja, ich hoffe wirklich sehr,
Du bist frohen Mutes.
Nächstens schreib' ich — ehrlich! — mehr:
Patenkind, Du gutes!

*

Mein liebes Patenkind!

Ich hatte grade eigentlich nichts vor;
ich saß so da, wie man das manchmal tut.
Da plötzlich klang Dein Lachen mir ins Ohr.
Drum schreibe ich Dir heute. — Geht's Dir gut?

Ich denke oft an Dich; dann wird es mir
ums Herz ganz warm — im nüchternsten Betrieb.
Ein bißchen Sehnsucht hab' ich schon nach Dir.
Ein Wiedersehn wär' schön. — Ich hab Dich lieb!

Oft ist es so: Am Tauftag stellt sich gerne
der eine oder andere Pate ein.
Er kommt, wenn's sein muß, auch aus weiter Ferne,
um bei der Feier mit dabei zu sein.

Er fühlt sich pflichtbewußt; wer will's bestreiten?
Und Amt und Würde sind ihm völlig klar.
Doch häufig wird es in den Folge-Zeiten
dann anders, als es vorgesehen war.

Zum Wiegenfeste wird nochmal geschrieben.
Vielleicht gibt's ein Geschenk — doch dann ist Schluß.
Die Schilderung ist gar nicht übertrieben:
Ein Tatbestand, den man bedenken muß.

Ich möcht' es anders machen, anders sehen
und fange es mit ernster Achtung an:
Ich möchte viele Jahre mit Dir gehen
und Dich begleiten, wann und wo ich kann.

Gott geb's: Nichts soll den Vorsatz mir verderben;
aus freiem Willen hab' ich ihn gefaßt:
Ich möchte Dein Vertrauen mir erwerben
und Dir versichern, daß Du meines hast!

Eben habe ich an Dich gedacht.
Und weil's Dir vielleicht Vergnügen macht,
schick' ich, liebes Patenkind, im Nu
zwischendurch Dir ein paar Grüße zu!

*

Weil ich's einfach nötig find',
schick' ich Dir, mein Patenkind,
ohne einen sonst'gen Grund
diese Karte. — Bleib gesund!
Alles Gute wünsche ich. —
Ja, Dein Pate denkt an Dich.

*

Wollte ich Dich sehen — viele Stunden
dauert wohl die Fahrt von Haus zu Haus.
Pate, Patenkind sind eng verbunden;
die Entfernung macht da wenig aus.
Und so grüß' ich Dich weit übers Land
so, als wär' ich dort — mit Herz und Hand.

*

Ein ganz besondrer Gruß von hier
gilt meinem Patenkinde: Dir!

*

Ja, Patenschaft ist wichtig.
Mein Gruß geht zu Dir hin:
Ich freue mich aufrichtig,
daß ich Dein Pate bin!

GLÜCKWÜNSCHE ZUM SCHULANFANG

Ob man es möchte oder nicht:
Der Schulbesuch ist einfach Pflicht.
Lass' nun mit diesen leckren Grüßen
den ersten Schultag Dir versüßen!

*

Nimm zum heut'gen Schulbeginn
meine besten Wünsche hin:
Daß die Schulzeit schmackhaft sei,
so wie diese Leckerei!

*

Heut' ist der erste Schultag. Wandre
mit frohem Mute und mit Freude
und ohne Angst ins Schulgebäude!
Du lernst für Dich und nicht für andre!

*

Paß auf! Man kann in allen Stunden
der Schulzeit Nützliches entdecken.
Laß Dir das Lernen immer munden!
Und laß Dir meine Gabe schmecken!

*

Heut' fängt die Schule für Dich an.
Du lernst für Dich! Denk' stets daran!

Dem großen Schulkind gratulier' ich sehr.
Dir fällt die Schule ganz bestimmt nicht schwer.
Wer so vergnügt und munter ist wie Du,
dem macht das Spaß, und der begreift im Nu.
Doch ohne Fütterung streikt der Verstand.
Drum schick' ich Dir ein bißchen Proviant!

*

Am ersten Schultag wünsche ich
viel Freude und viel Spaß für Dich.
Für Deine erste Pause
schick' ich Dir was zum Schmause!

*

So etwas wie diese Tüte
ist recht tröstlich fürs Gemüte.
Nimm sie mit und überleg's:
Süßes schmeckt auch unterwegs!

*

Du gehst zur Schule! Glaube mir,
daß mich das wirklich freut!
Und deshalb gratulier' ich Dir
besonders herzlich heut'.
Wer lesen, schreiben, rechnen kann
und wer sein Wissen mehrt,
der steht im Leben seinen Mann.
Und das ist sehr viel wert!

*

Nimm die Schule stets so ernst,
daß Du ihren Sinn erfaßt:
Wichtig ist, daß Du was lernst!
Mitgemacht! Und aufgepaßt!

GRÜSSE ZUR KONFIRMATION UND ZUR FIRMUNG

Mit Gott als Begleiter
verirrst Du Dich nicht,
denn ER ist der Streiter
für Wahrheit und Licht!
IHM sollst Du vertrauen
und seinem Gebot;
auf IHN kannst Du bauen
in jeglicher Not!

*

Gottes Segen möge Dich geleiten
heute, morgen und zu allen Zeiten!

*

Gott ist unsre Zuversicht.
Schreite mutig durch das Leben;
fühl' Dich ganz von ihm umgeben!
Gott verläßt die Seinen nicht!

*

Der Mensch erreichte längst den Mond;
er wird noch mehr bewirken.
Der Weltenschöpfer aber thront
in höheren Bezirken.
Lebendig spürt ihn der bestimmt,
wer fromm ihn sich zu Herzen nimmt.

Glaube fest an Gott den Herrn;
glaube an sein Walten!
Niemals ist es unmodern,
sich an Gott zu halten.
Sei getrost: An Gottes Hand
hast Du immer festen Stand!

*

Laß Dich nicht verwirren:
Was ist falsch? Was echt?
Menschen können irren.
Gott hat immer recht!

*

Im Glauben bleibe unverdrossen!
Im Leben stehst Du nie allein:
Gott hat Dich in sein Herz geschlossen.
Schließ Du IHN nun in Deines ein!

*

Üb' Dich im Gebet! Erfahre
seinen Sinn, und glaube dran:
Frömmigkeit ist keine Ware,
die man einfach kaufen kann!

*

Christus hat Dich angenommen,
und nach ihm darfst Du Dich nennen.
Mehr noch: Es ist Pflicht der Frommen,
sich für Christus zu bekennen!

Gott sei Dein Schutz! — Wenn wir die Hände falten,
dann spüren wir: Es gibt im Weltgetriebe
drei Anker, die uns fest und sicher halten.
Die Anker heißen: Glaube, Hoffnung, Liebe!

*

An solchem hohen Tag im Leben
sei Ausdruck diesem Wunsch gegeben,
daß Gottes Segen, Gottes Güte
Dich stets begleite und behüte!

*

Des Lebens, der Arbeit lebendiger Kern:
Der Glaube an Gott — der Segen des Herrn!

*

Ein hoher Gottes-Tag: Du bist gefirmt.
Fühl' dankbar Dich von SEINER Hand beschirmt!

*

Gott rief Dich heut' vor des Altares Stufen;
der Hauch des Ewigen hat Dich umweht.
Wie gnadenvoll, IHN wieder anzurufen
mit Deinem Bitt- und Deinem Dank-Gebet!

*

Mit Gott — so sollst Du wandeln.
Mit Gott — so sollst Du handeln.

Auch im Beruf: Mensch bleiben!

Der Mensch, der (wie man so sagt) im Beruf steht, muß ein ganz schönes Standvermögen haben: Seine Tätigkeit nimmt ihn immerhin viele Jahrzehnte hindurch für mindestens ein Tagesdrittel in Anspruch. Der Mensch muß arbeiten, um existieren zu können. Das ist richtig; für die meisten jedenfalls. Aber wenn es nur dabei bleibt, kommt etwas anderes zu kurz: das Leben.

Existenz und Leben können freilich auch eine Einheit sein; dann nämlich, wenn man in seinem Beruf so etwas wie eine Lebensaufgabe sieht, die dem Können und den Neigungen ganz entspricht. Aber das ist leider selten. Es gibt kaum einen Menschen, der da nicht Konzessionen machen muß. Für viel zu viele gilt der Satz, der sich in Ernst Penzoldts Buch „Die Powenzbande" (Suhrkamp-Verlag) findet: „Das Leben ist herrlich! Die Existenz aber ist grauenhaft, elend, unwürdig, trostlos."

Gegen diesen negativen Aspekt gilt es anzugehen. So schwer ist das gar nicht. Immer wieder ist man im Beruf mit Menschen zusammen, mit Kollegen, die ähnlich empfinden wie wir. Auch sie brauchen im Dienst den menschlichen Kontakt, das persönliche Wort, die Anteilnahme. Und sie warten darauf. Es gibt Anlässe und Gelegenheiten genug, einfach nett zu sein und dem anderen zu zeigen, daß man an ihn denkt. Da braucht man sich auch nicht hinter Georg Christoph Lichtenbergs (1742—1799) bissiger Anmerkung zu verstecken: „Wie glücklich viele Menschen wären, wenn sie sich genauso wenig um die Angelegenheiten anderer bekümmerten wie um ihre eigenen." Dieser Spruch zielt auf die Zudringlichkeit jener Menschen, die nicht ihre eigenen Belange in Ordnung halten, sondern sich vordringlich und aufdringlich mit unerwünschtem Rat ins Tun und Treiben ihrer Mitmenschen einmischen. Da wird mancher so Bedachte mit Recht protestieren. Nettigkeiten läßt sich jeder gern gefallen. Und im Berufsleben gibt es zwischen „Beginn der Lehre“ und „Pensionierung“ viele Ereignisse, die man zum Anlaß für ein persönliches Wort nehmen kann. Für all solche Fälle biete ich Ihnen hier eine breite Palette gereimter Texte an; für fast alle Anlässe innerhalb der Berufstätigkeit stehen Ihnen etwas mehr als zweihundert Reimereien zur Verfügung: Geburtstagsglückwünsche aller Art und jeden Bezugs, Urlaubsgrüße, Jubiläumsgedichte, Danksagungen an die Dame in der Anmeldung, an die Raumpflegerin, an den Hausboten — und so weiter, und so weiter.

Auch hier gilt wieder: Suchen Sie einen passenden Text heraus; basteln Sie vielleicht einen nicht ganz passenden selbst um; schauen Sie im Inhaltsverzeichnis nach, ob Sie beispielsweise unter „Geburtstag“ etwas Geeignetes finden oder unter „Urlaubsgrüßen“. Wie es denn überhaupt nichts schaden kann, wenn Sie sich dies Buch in allen Teilen immer mal wieder ansehen, um sich überraschen und anregen zu lassen.

Auf drei einführende Prosatexte innerhalb des Kapitels „Berufsleben“ sei hier noch besonders hingewiesen; sie heißen: „Es geht um mehr Geld“ (Bitte um Gehaltserhöhung und Dank, wenn es geklappt hat); „Alle Jahre wieder“ (Tips für Julklapp-Verse) und „Keine Angst vor der Pensionierung“ (Grüße, Dank und Wünsche für den wegen Alters ausscheidenden Kollegen). Hier — wie auch sonst — mache ich Ihnen keine Vorschriften. Ich beschränke mich auf Vorschläge und Hinweise.

Man nehme — oder die Qual der Wahl

Berufswahl! Ach, da kommen die Probleme!
Da hilft bestimmt nicht das Rezept: „Man nehme . . .!"
Da muß man schon bedenken als auch wägen:
wo ist man sicher vor des Schicksals Schlägen?
Wofür bringt jener, der ins Leben tritt,
nun eine ganz besondre Eignung mit?
„Dem Jungen soll's" — hört, wie der Vater spricht! —
„besser als mir gehn. Lehrer wird der nicht!
Schlag' Du die Bäckermeisterlaufbahn ein!
Denn lebt der Mensch auch nicht vom Brot allein,
so wird er doch, wenn wir es recht besehn,
stets danach greifen oder Schlange stehn!" —
Zu seinem Sohn spricht nun wiederum
der Bäckermeister: „Karlchen, sei nicht dumm!
In solchen oder ähnlichen Gewerben
wie Bäckereien ist nichts mehr zu erben.
Werd' lieber Lehrer: Ferien noch und noch
und sechsundzwanzig Stunden in der Woch'!"
Wir wissen leider nicht, ob die zwei Knaben,
sich dann beruflich so entschieden haben;
wir können nur in jedem Falle hoffen,
daß sie mit Glück die richt'ge Wahl getroffen.
Was heißt hier „richt'ge Wahl"? Ganz allgemein
wird es bei jeder Wählerei so sein:
Ach, bestenfalls (da hilft uns kein Gegrübel!)
wählt man von mehreren das kleinere Übel. —
Fühlt sich hier jemand auf den Arm genommen?
So, wie die Welt ist, ist sie nicht vollkommen.
Auch wir sind's nicht. Der Fall ist ein vertrakter! —
Wie wär's mit Toleranz und mit Charakter?

Glückwünsche im Rahmen des Berufslebens

a) Zum Beginn der Lehre

Ach, wie schnell und rasch die Zeit verfliegt!
Wie sie drängt! — Es läßt sich nicht vermeiden:
Wenn die Schule hinter einem liegt,
muß man sich beruflich schon entscheiden.
Herzlich wünsch' ich, herzlich will ich hoffen,
daß durchaus die richt'ge Wahl getroffen!

*

Die Lehrzeit bringt dem Lehrling vieles nah,
was neu ist. Aber laß Dich nicht verkohlen:
Die Lehrzeit ist bestimmt nicht dazu da,
für die Belegschaft Flaschenbier zu holen.
Das weitet nicht den Bildungs-Horizont;
das hat doch jeder schon vorher gekonnt!

*

Nun trittst Du eine Lehre an.
Viel Glück! Und mach' es gut!
Wer in der Lehrzeit lernen kann,
ist dumm, wenn er's nicht tut!

*

Mein Wunsch für Deine Lehre
besteht in diesem Satz:
Daß sich zum wahren Schatz
Dein Wissen ständig mehre!

Hat die Lehrzeit nun begonnen,
dann nimm diese Jahre ernst:
Sei aktiv, bemüht, besonnen.
Wichtig ist, daß Du was lernst!
Zum entscheidenden Beginn
wünsch' ich herzlich: Wachen Sinn!

*

Lernen — das ist nun mal unentbehrlich,
denn sonst kommt man schwerlich an sein Ziel.
Alles Gute! Und ich wünsche ehrlich:
Halt' Dich 'ran! Und lerne möglichst viel!

*

Ist in der Lehrzeit manches auch verdrießlich
und beinah so, daß man verzweifeln kann:
Brauch' immer den Verstand! Du lernst ja schließlich
genau für Dich! Und darauf kommt es an!

*

Der Weg für Dich — so heißt er:
Lehrling, Geselle, Meister!
Der Weg ist ziemlich lang.
Vorwärts! Und sei nicht bang!

*

Eine Lehrzeit ist nicht immer leicht:
manchmal schimpft so mancher: „So ein Mist!"
Aber: Wer sich Mühe gibt, erreicht
die Erfahrung, die ihm nützlich ist! —
Glück und alles Gute! Mut und Kraft
auf dem langen Weg zur Meisterschaft!

Spezial-Strophen: Sonett und Triolett

So wie die Stanze ist auch das Sonett aus Italien zu uns gekommen — im 16. Jahrhundert. Petrarca, Tasso, Dante, Michelangelo erhoben es zur höchsten Aussagekraft. Und auch Shakespeare gehört zu seinen alten Meistern.

Das Sonett hat zwei Besonderheiten: es umfaßt stets 14 Zeilen, nicht mehr und nicht weniger, und es hat in seiner ursprünglichen Form ein strenges Reimschema: entweder a b b a a b b a c d e c d e (italienisch) oder a b a b c d c d e f e f g g (englisch). Entgegen diesen strengen Regeln hat sich später auch bei uns die Freiheit durchgesetzt, jede Strophe in anderen Variationen zu reimen.

Hier ein Beispiel nach italienischem Muster:

„Nenn es nicht Schwäche, wenn ich mich begebe.
Noch ist der Himmel weit, die Nacht voll Sterne,
verhüllte Pfade weisen Flucht und Ferne,
und jeder Tag lockt, daß ich ihn erlebe.

Glaub nicht, daß ich vor wilder Fahrt erbebe.
Ich bändige mein Herz, auf daß es lerne.
Es schlug mir allzu rasch und allzu gerne
für jedes rauschgewordene Dunstgewebe:

In jener maßlos knabenhaften Lust,
aus der erwacht, kein Weg vor Jammer rettet,
das Leben lahm ist und die Freude aus.
Nicht feige, nur der Grenzen sich bewußt,
bemeistert wohl, doch stark der Strom sich bettet:
Kraft fand zur Form, und Form hält weise haus."

An diesem Sonett „Adel und Untergang" aus dem Sonettenkranz „Heroische Trilogie" von Josef Weinheber erkennen Sie deutlich das Wesen der strengen Sonettform, das in der Geschlossenheit von Gedanken und Ausdruck liegt. Vom ersten Wort an strebt das Sonett einem pointierten, klaren Schluß zu.

Ich habe eben vom „Sonettenkranz“ gesprochen. Hierunter versteht man 15 thematisch zueinander gehörende Sonette, wobei die Schlußzeile eines Sonetts jeweils die Anfangszeile des folgenden bildet. Das 15. Sonett besteht aus den Anfangszeilen aller vorherigen Sonette. Diesen „Kranz“ hat schon mancher zu erringen versucht.

Ein weiteres Gedicht mit einer festen Sonderform ist das graziöse Triolett; es ist aus Frankreich zu uns gekommen. Das Triolett besteht aus acht Zeilen. Die erste Zeile kehrt als solche oder in leichter Abänderung als vierte und siebente wieder — mit genau demselben Reimwort. Die zweite Zeile wird (so oder auch leicht abgewandelt) als achte Zeile wiederholt. Zusätzliche Schwierigkeit: Beschränkung auf nur zwei Reime. Scheint Ihnen das kompliziert? Das ist es auch! Verständlicher wird's an einem Beispiel von Friedrich von Hagedorn (1708—1754):

Der erste Mai.

Der erste Tag im Monat Mai
ist mir der glücklichste von allen.
Dich sah ich und gestand dir frei,
den ersten Tag im Monat Mai,
daß dir mein Herz ergeben sei.
Wenn mein Geständnis dir gefallen,
so ist der erste Tag im Mai
für mich der glücklichste von allen.

Noch mehr über Strophen im Kapitel
„Vom Limerick bis zur Ode“.

GLÜCKWÜNSCHE IM RAHMEN DES BERUFSLEBENS

b) Zum Geburtstag eines Firmen-Kollegen

Glückwunsch dem Kollegen
des Geburtstags wegen.
Alle, die Sie lieben,
haben unterschrieben:

*

Beinah vergaßen wir — o Schande! —
was diesen Tag so wichtig macht.
Wir haben doch noch dran gedacht:
Es gratuliert die ganze Bande!
Und fragt ein banger Blick, ein scheuer,
von wem die edle Gabe sei?
Wir alle trugen dazu bei.
Sie sind uns nämlich wirklich teuer!

*

Wir haben's wirklich nicht vergessen:
Heut' sind **Sie** das Geburtstagskind.
Sie können daran glatt ermessen,
wie aufmerksam wir alle sind!
Erfreut die Gabe Sie vielleicht?
Zu mehr hat's nämlich nicht gereicht!

Womit man Sie wohl überrasche,
so überlegten wir vorher:
Ein Buch? Paar Blümchen? Eine Flasche?
Na, die Entscheidung fiel nicht schwer.
Natürlich: Flüssiges steht hier.
Und herzlich gratulieren wir!

*

Wir gratulieren zum Geburtstag herzlich.
Doch dieses ist uns dabei wirklich schmerzlich:
Die Zeit zum Dichten war entsetzlich knapp.
Und kriegen wir vom Fläschchen etwas ab?

*

Für die Blumen — frisch, und nicht vergammelt —
haben wir in unserem Kreis gesammelt.
Jede Blume sagt auf ihre Weise
„Glückwunsch zum Geburtstag" — aber leise.
Wir dagegen singen laut im Chor
„Happy birthday" Ihnen schmetternd vor!

*

Zum Geburtstag — na, Sie wissen schon:
Glückwunsch! Grüße! Gratulation!

*

Obwohl wir Ihnen **alles** Gute gönnen,
gibt es **ein** Gutes nur zum Wiegenfeste.
Wir hoffen, daß Sie es verwenden können.
Wir wünschen alles Gute! Alles Beste!

Wir wollten uns nicht davor scheuen,
Sie zum Geburtstag zu erfreuen.
Wir setzten uns dies in den Kopf:
Ein Kaktus muß es sein — mit Topf!
Sie überlegen sicher nun:
„Was hat das bloß mit mir zu tun?"
Vielleicht führt eine kleine Spur
zu „Borstigkeit" und zu „Rasur";
vielleicht auch gab es ihn, weil man
ihn im Büro leicht pflegen kann;
vielleicht gab's ihn in diesem Jahr,
weil er besonders billig war;
vielleicht — weil Sie sich stets so mühen —
dacht' man: „Der kriegt auch das zum Blühen!";
vielleicht hofft man, Sie nehmen das
als Kompliment für irgendwas. —
Na, suchen Sie — dann geht nichts schief —
mal selber nach dem Schenk-Motiv:
mal so, mal so — ganz unterschiedlich. —
Der Kaktus ist und bleibt sehr niedlich!

*

Wir wünschen herzlich Ihnen,
weil Sie's durchaus verdienen
(und das ist wirklich wahr!),
viel Glück und fette Beute
und ringsum nette Leute
im neuen Lebensjahr!

c) Zum Geburtstag einer Firmen-Kollegin

Was zum Geburtstag Freude macht,
das wählten wir mit viel Bedacht.
Ob wir die rechte Wahl getroffen?
Wir wollen es sehr herzlich hoffen.
Doch davon einmal abgesehn,
soll'n hier auch unsre Wünsche stehn:
Viel Glück an diesem schönen Tage
sowie in jeder Lebenslage:
ob heute, morgen, irgendwann.
Dem Wunsche schließt sich jeder an!

*

Die nette Kollegin verdient ohne Frage
die nettesten Wünsche zum heutigen Tage.
Wir wählten den fröhlichsten Blumenstrauß
gemeinsam als Gruß zum Geburtstag aus.
Was immer im neuen Lebensjahr naht:
Viel Glück! Alles Gute! — im Dienst und privat!

*

Glückwunsch zum Geburtstag! Und wir alle
waren **eines** Sinns in diesem Falle.
Die Kollegin, die so sehr be-chef-tigt,
soll etwas bekommen, das sie kräftigt.
Mög' es ihr — das hofft man allgemein —
angenehm, erwünscht und nützlich sein!

*

Wir gratulieren zum Geburtstag sehr!
Die Wahl der Gabe fiel uns gar nicht schwer:
Klar, daß es etwas Nettes, Hübsches gibt
für die Kollegin, die sich nie vertippt!

Die Referentin *), die sich stets bemüht
um Nettigkeit und menschliches Verstehen,
soll am Geburtstag einmal deutlich sehen,
wie herzlich man sie schätzt, und was ihr blüht:
Der Blumenstrauß, gespendet von uns allen,
mög' sie erfreuen, und mög' ihr gefallen!

*) Sekretärin; Assistentin; Ja, die Kollegin; usw.

*

Es ist doch so: Das Immer-jünger-werden
ist etwas ziemlich Seltenes auf Erden.
Die Dame nun, die heut' Geburtstag hat,
schafft das — wir sehen es mit Freude! — glatt.
Wir gratulieren herzlich: Mag's so bleiben!
Und das kann wirklich jeder unterschreiben!

*

Worauf der Blick verwundert schaut,
das haben wir hier aufgebaut.
Schön wär's in diesem Falle,
wenn das Geschenk so ungefähr
nun Ihrem Wunsch entsprechend wär'.
Wir gratulieren alle!

*

Geburtstagsglückwunsch! — Diese „Apparate“
sind im Büro verwendbar und zu Haus.
Wir haben uns, als der Geburtstag nahte,
den Kopf zerbrochen. Dies kam dabei 'raus.
Wir hoffen sehr, Sie werden an den Gaben
in jedem Falle etwas Freude haben!

Daß eine Gabe Sinn hat, das ist wichtig;
sie soll ja nicht nur Überraschung sein!
Wir alle hoffen sehr, wir machten's richtig
und stellten uns erfolgreich auf Sie ein
und trafen so in etwa das Niveau.
Wir gratulieren herzlich! Weiter so!

*

Der Kollegin gratulieren wir.
Herzlich schreiben wir auf dies Papier:
Möge sie mit ihrem muntren Treiben
uns noch jahrelang erhalten bleiben!

---

d) Zum Geburtstag des Chefs

„Diesbezüglich" und „Betreff":
Heute feiert unser Chef!
Ja, wir alle gratulieren,
wünschen Glück und salutieren:
Alles Gute! Glück und Glanz!
Strahlende Erfolgsbilanz!
Weitergang der Konjunktur,
und von Dämpfung keine Spur!
Ja, zum neuen Lebensjahr
sei die Lage völlig klar:
Aufwärts geht's in jedem Falle;
das ist gut für Sie — und alle!
Sicher kriegen wir dann bald
auch ein höheres Gehalt!

Wenn der Chef Geburtstag hat,
findet eine Feier statt,
und dem tücht'gen „Hohen Herrn“
wünscht dann jeder herzlich gern,
daß alsbald in jedem Zweige
des Geschäfts der Umsatz steige;
daß ein gutes Omen walte
und der Chef gesund sich halte,
um — was wir ihm herzlich gönnen —
stets erfolgreich sein zu können.
Jeden Tag und noch und noch:
Unser Chef — er lebe hoch!

*

Geburtstagsgruß! Wir überreichen
dem Herrn des Hauses dies Präsent.
Betrachten Sie es auch als Zeichen,
daß wir das Datum nicht verpennt.
Es gratuliert die ganze Schar:
Viel Glück im neuen Lebensjahr!

*

Geburtstag hat der Senior (Junior)!
Laut singt der Gratulanten-Chor:
Es sei das neue Lebensjahr
noch besser, als das vor'ge war!
Was wünscht man sonst noch? Bitte sehr:
Gesundheit, Glück, Erfolg und mehr,
damit, recht tröstlich fürs Gemüt,
die Karre läuft — der Weizen blüht!

Glückwunsch zum Geburtstag heut'!
Ob Sie das Geschenk erfreut?
Können Sie es gut gebrauchen? —
Und der Schornstein möge rauchen!

*

Wir wünschen unserm Chef — na klar! —
ein schönes neues Lebensjahr,
Gesundheit, Glück, Erfolge, Schwung
und beste Umsatz-Steigerung!

*

Gruß und Glückwunsch für den „Chef vom Ganzen":
Mehr Umsatz! Noch bessere Bilanzen!

*

Das neue Lebensjahr sei heiter
und der Geschäftsgang ohne Sorgen.
Das wünschen am Geburtstagsmorgen
sehr herzlich Ihre Mitarbeiter!

*

Herzlich gratulieren wir
unserem Chef, dem „Großen Tier"!

Vom Limerick bis zur Ode

Die Limericks stammen aus England. „Limerick" ist ein heiteres Kurzgedicht von fünf Zeilen, deren letzte eine humorige Replik auf das Vorherige enthält. Es reimt so:

a a b b a . Ein Beispiel (die englischen Originale haben durchweg die formelhafte erste Zeile „There was an old man of ...") auf Englisch:

„There was an old man of Peru,
who dreamt, he was eeting his shoe.
He awoke in the night
with a terrible fright
and found, it was perfectly true."

In freier Übersetzung:

„Es war mal ein Mann aus Peru,
der träumte, er äß seinen Schuh.
Er erwachte voll Graus,
spuckte kräftig aus
und sieh da — er spuckte 'nen Schuh."
(aus „Limericks, Limericks". Fischer Bücherei, Band 809)

Kennengelernt haben Sie nun folgende Strophen: Die Zweizeilige in der Form des Distichons; die dreizeilige Terzine; das dreizeilige Ritornell; die vier-, fünf-, sechs-, siebenzeilige Strophe; die Achtzeilige mit der Sonderform der Stanze und wiederum deren Sonderform der Siziliane; das vierzehnzeilige Sonett; das achtzeilige Triolett; die Limerickstrophe — das ist mehr als ein Dutzend und mehr als ein Alltagsverseschmied normalerweise braucht.

Der Ordnung halber: Außer diesen Strophenformen gibt es noch das Rondo (Ringelgedicht), dessen Umfang ursprünglich auf 13 Zeilen festgelegt war; das Madrigal, das Ghasel, die Sestine, die Glosse, die Kantate, den Leberreim („Die Leber ist von einem Hecht und nicht von einem Schweine. Der eine sieht mehr auf das Herz, der andre auf die Beine") und den Klapphornvers; ein Ulkvers, der bei uns vor knapp 100 Jahren zum erstenmal auftauchte:

„Zwei Knaben gingen durch das Korn,
der andere blies das Klappenhorn,
Er konnt' es zwar nicht ordentlich blasen,
doch blies er es wenigstens einigermaßen."

„Zwei Knaben gingen durch das Korn,
der eine hinten, der andre vorn,
und keiner in der Mitte.
Das macht, es fehlt der Dritte."

Mehr darüber würde hier zu weit führen. Wenn Sie sich trotzdem für diese Spezialitäten interessieren sollten, finden Sie eingehende Erklärungen in Lexikon-Bänden und in Werken der Literaturgeschichte. Dort finden Sie auch — um das Strophenkapitel damit abzuschließen — Ausführliches über die Ode, ein lyrisches, reimloses Gedicht nach antikem Muster mit kunstvollem Strophenbau. Im Altertum wurde die Ode besonders von Pindar (518—446 v. Chr.) und Horaz (65—8 v. Chr.) gepflegt. In der Neuzeit griffen sie unter anderem die deutschen Dichter Klopstock, Hölty, Hölderlin, Platen, Rudolf Alexander Schröder und Josef Weinheber auf. Nicht zum „Nachmachen", sondern um Ihnen zu zeigen, wie so eine klassische Strophe (eine von vielen übrigens) aussieht; zitieren wir die erste Strophe von Hölderlins „An die Parzen":

„Nur einen Sommer gönnt, ihr Gewaltigen!
◡ / ◡ / ◡ / ◡ ◡ / ◡ /
Und einen Herbst zu reifem Gesange mir,
◡ / ◡ / ◡ / ◡ ◡ / ◡ /
daß williger mein Herz, vom süßen
◡ / ◡ / ◡ / ◡ / ◡
Spiele gesättiget, dann mir sterbe."
/ ◡ ◡ / ◡ ◡ / ◡ / ◡

Fortsetzung

GLÜCKWÜNSCHE IM RAHMEN DES BERUFSLEBENS

e) Urlaubsgrüße an den Chef

In dieser längren Arbeitspause
erhol' ich mich fern von zu Hause
(Tippfehler sozusagen:) pirma
in erster Linie für die Firma.
Sehr herzlich schreib' ich dieses nieder.
Und selbstverständlich komm' ich wieder!

*

Ob Sie mich schon sehr vermissen?
Jedenfalls: Sie sollen wissen,
daß ich mich zu meinem Wohle
und zu Ihrem gut erhole.
Mir den Urlaub recht versüßend
bin ich, aus dem Urlaub grüßend,
Ihr (Ihre)

*

Ich fühle mich trotz schöner Urlaubswochen,
trotz schöner Tage und trotz schöner Stunden
durchaus — das sei ganz ehrlich ausgesprochen —
der Firma sogar hier recht eng verbunden.
Bevor ich wiederum ins Freie starte,
schreib' ich an Sie die Gruß- und Urlaubskarte.

Ich trink' im Urlaub auf Ihr Wohl
ein kleines Schlückchen Alkohol.
Ich tu' es nur verstohlen;
ich will mich ja erholen!

*

Leider geht der Urlaub bald zu Ende.
Ob man im Betrieb schon nach mir schrie?
Höchste Zeit zum Schreiben! Und ich sende
darum diesen Urlaubsgruß an Sie!

*

Dieweil mich heute Schreibgelüste packten,
kriegt auch der Chef den Gruß vom Urlaub nun.
Und fragen Sie: „Was soll ich damit tun?"
In den Papierkorb! Oder zu den Akten!

*

Dem Chef — er freut sich sicher ungemein! —
soll dieser Urlaubsgruß gewidmet sein!

*

Ich grüße Sie, Herr Chef! Ich sage ehrlich
— Sie wissen, daß ich Sie sonst wirklich preise! —:
In meinem Urlaub sind Sie ausnahmsweise
mir ohne weitres beinah ganz unentbehrlich!

*

Manch einer meint: „Man kann's auch übertreiben!
Der Chef erwartet keinen Urlaubsgruß,
und deshalb braucht man nicht an ihn zu schreiben."
Ich hab' mir's anders überlegt: Ich tu's!

f) Urlaubsgrüße an das Team

Ich denke gern an unser Team!
Aus meinem Urlaub send' ich ihm
die allerbesten Grüße heute.
Bald komm' ich wieder. Kopf hoch, Leute!

*

Das Rest-Team grüße ich vergnüglich.
Mir geht es gut; mir geht's vorzüglich.
Verzagt Ihr? Trost sei immerhin:
Bald bin ich wieder mittendrin!

*

Dem Rest-Team, das betrieblich „teamt",
sei herzlich, weil es sich so ziemt,
ein schöner Urlaubsgruß gesendet
sowie ein kleiner Trost gespendet:
Seid Ihr schon der Verzweiflung nah,
dann denkt: Bald bin ich wieder da!

*

Ich lege mit Beeilung
der reizenden Abteilung
— es reimt sich: ein Gedicht! —
mit meinen besten Grüßen
den echten Trost zu Füßen:
Vergessen seid Ihr nicht!

*

Ich grüße herzlich! Es sei nicht verhehlt,
daß mir das Team gewissermaßen fehlt!

Leicht besorgt bedenk' ich gegenwärtig:
Ohne mich — wie wird das Team bloß fertig?!
Urlaubsgrüßend wünsch' ich Mut und Kraft,
daß Ihr alles ohne Ärger schafft!

*

Was macht die ganze Gruppe?
Das ist mir gar nicht schnuppe!
Es geht, so hoffe ich,
auch so — mal ohne mich —
in glattem Ablauf weiter.
Ich grüße urlaubsheiter!

*

Dem Team, das mich entbehren muß,
gilt mein besondrer Urlaubsgruß.
Hetzt Euch nicht ab — was es auch sei.
Bald bin ich wieder mit dabei!

*

Ich denk' im Urlaub oft und ziemlich
zurück an das, was nett und team — lich.
Ich grüße alle: „Die“ und „Den“.
Auf Wiedersehn! Auf Wiedersehn!

*

Wenn irgendwas hier auszusetzen wäre:
Hier fehlt mir nur die teamwork-Atmosphäre.
Ich werde trotzdem hier nicht ganz verlottern.
Ich grüße alle, die daheim robottern!

g) Urlaubsgrüße an Kollegen und Urlaubsvertreter

Solch tüchtigen Vertreter gibt es selten!
Ihm sollen Dank und Urlaubsgrüße gelten.

*

Eben erstanden
kommt dieser „Wisch"
aus deutschen Landen
frisch auf den Tisch.
Fragt man, weswegen?
Dies bringt er mit:
Dank dem Kollegen,
der mich vertritt!

*

Vertretungen — das sind so Sachen,
die ist man gerne wieder los.
So gut wie Du (Sie) kann's keiner machen;
Mein Dank ist dementsprechend groß:
Ganz deutlich auf der Karte steht er.
Ich grüße sehr den „Herrn Vertreter"!

*

Wenn man verreisen will und muß,
ist dies Gefühl ein Hochgenuß:
Ja, der Vertreter kann's!
Wenn er berichtet und diktiert
und alles durchorganisiert,
macht er's mit Eleganz.
Er ist ein wahres Wundertier!
Drum: Dank und Urlaubsgruß von hier.

Ich mache diesmal mehr als Urlaub;
ich mach' gewissermaßen Kurlaub.
Das strengt zwar an und peinigt mich;
desungeachtet schreibe ich.
Ich grüße Dich (Sie; Euch) und frag' dabei:
Gibt's hin und wieder hitzefrei?

*

Hat der Vertreter richt'gen Schwung:
Welch herrliche Beruhigung!
Ich grüße aus der Urlaubszeit
mit dem Gefühl der Dankbarkeit!

*

Mal scheint Sonne, mal fällt Regen;
mal ist's warm, mal ist es kalt.
Herzlich grüß' ich die Kollegen
aus dem Urlaubsaufenthalt.
Herzlich wünsch' ich lauter Liebes!
Kleiner Trost mag dieses sein:
Das Getriebe des Betriebes
fängt auch mich bald wieder ein!

*

Ich grüße die Kollegen ringsherum!
Und hoffentlich nimmt es mir keiner krumm:
Der Gruß ist herzlich zwar, doch ziemlich kurz.
Ich dächt' an Ihrer Stelle: „Uns ist's schnurz!"

*

Wenn's auch Urlaubsgrüße-Gegner gibt:
Allgemein sind Grüße doch beliebt.
Also schreib' ich — und ich hab' spontan
meine Pflicht (und mehr als das!) getan!

b) Urlaubsgrüße an Kolleginnen und Urlaubsvertreterinnen

Der Vertreterin, die sich so plagt,
sei von hier aus herzlich Dank gesagt.
Überstunden und dergleichen Leiden
lassen sich, so hoffe ich, vermeiden!
Schöne Grüße aus den Urlaubstagen!
Bis ich wiederkomme: Nicht verzagen!

*

Mein Urlaubsgruß, da geht er hin
mit Dank an die Vertreterin,
die unter der Belastung nicht,
so hoffe ich, zusammenbricht.
Vielleicht kann dieser Ratschlag passen:
Die schlimmsten Sachen liegenlassen!

*

Vertretung, das ist so ein Ding!
Der Ärger ist oft nicht gering.
Ich hoffe herzlich, daß er sich
im Rahmen hält. Das wär' für mich
ein Trost, erfreulich allemal.
Ich grüße dankbar-kollegial!

*

Hier ist es herrlich — auf mein Wort!
Ich grüße aus dem Urlaubsort
von ganzem Herzen alle lieben
Amtsschwestern, die daheim geblieben.
Was sich hier sonst tut, täglich, stündlich,
davon erzähl' ich später mündlich!

An die Kolleginnen, die nun
diensteifrig dies und jenes tun,
schick' ich die ungemein aparte
und aufschlußreiche Urlaubskarte.
Mir geht es prima — allerdings!
Ich grüße herzlich alle rings!

*

Man sollte niemals ein Versprechen,
das man gegeben, etwa brechen.
Der Gruß, den Ihr bisher vermißt,
zeigt bildlich klar, wie es hier ist.
„Erhol Dich!" schreibt man hier ganz groß.
Wer das nicht schafft — doch zweifellos
sind solche Fälle äußerst selten! —,
der muß direkt als trotzig gelten.

*

Den Kolleginnen, den lieben,
hätt' ich gern schon längst geschrieben.
Doch so einfach ist das nicht:
Faulsein ist hier erste Pflicht!
Trotzdem: Heute schreib' ich doch
Urlaubsgrüße noch und noch!

*

Wunderbar ist's hier im Bad:
Sonnenschein und Windeshauch.
Nette Herren gibt es auch!
(Nur kein Neid! Wer hat, der hat!)
Schönsten Gruß — gern schreib' ich's hier! —
den Kolleginnen — von mir!

Wer mich vertritt mit Charme und mit Verstand,
mit kluger Haltung und mit leichter Hand,
verdient, daß man dort, wo man Urlaub tankt,
an jene denkt und jener herzlich dankt!

*

Vertreterin zu sein, das ist nun mal
in mancher Hinsicht gar nicht ideal.
Das weiß ich gut, und das läßt mich nicht kühl.
Ich grüße dankbar — voller Mitgefühl!

Fehler, die immer wieder gemacht werden

Jeder, der Verse von Amateur-Anfängern prüft, wird immer wieder über die gleichen Fehler stolpern, die sich beim handwerklichen Machen einschleichen.

Zunächst wird zu wenig Wert auf reine, einwandfreie Reime gelegt. Die Freiheiten, die sich ein Dichter nimmt, werden gern als Entschuldigung angeführt. Solche Ausreden gelten nicht. Reime wie: „Höhe/sehe", „Szene/Träne", „Schuft/ruft", „geben/vergeben", „Mann/sahn", „sende/Ente", „leide/Freude" sind nicht gut. Lesen Sie doch noch einmal das, was weiter vorn unter „Reime dich, oder ich fresse dich!" aufgeführt ist.

Wenn Sie Schwierigkeiten haben, das richtige Reimwort zu finden, kann ein kleiner Trick helfen. Nehmen wir an, Sie wollen in der ersten Zeile eines Gedichts das Wort „Besen" als Endreim verwenden. Greifen Sie zu Bleistift und Papier und gehen Sie nun nach dem Alphabet sorgsam auf Reimsuche: A-esen (nein); C-esen (nein); D-esen (nein). Wenn Sie bis zum Z gekommen sind, stehen folgende Reimwörter auf dem Papier: Lesen, Spesen, Wesen, gewesen. Nun werden Sie leicht überblicken, ob Sie eines dieser Wörter sinnvoll verarbeiten können. Wenn nicht, müssen Sie auf „Besen" als Reim verzichten und die Zeile entsprechend umbauen.

Wem diese Art der Reimsuche nicht liegt oder zu beschwerlich ist oder wer den selbstgefundenen Reimwörterbestand auf Vollständigkeit hin überprüfen will — auch dem kann geholfen werden: Es gibt nämlich Reimlexika! Das sind kleine handliche Bücher, in denen alphabetisch das gedruckt steht, was Sie sonst selbst in eigener Systematik heraussuchen müssen. Drei Titel: Hans Harbeck, „Neues deutsches Reimlexikon" (Heidenheimer Verlagsanstalt); Karl Peltzer, „Der treffende Reim" (Ott Verlag, München); Willy Steputat, „Reimlexikon" (Reclam Verlag, Stuttgart). Die Anschaffung eines solchen

Lexikons macht noch nicht den „Dichter"; aber es erleichtert notfalls die Arbeit. Andererseits kann das aber auch zur Spielerei verführen, die nicht immer so überlegen-drollig zu glükken braucht wie bei dem Dichter Christian Morgenstern (1871—1914), der einmal (wahrscheinlich mit Hilfe eines Reimlexikons) dieses Gedicht geschrieben hat:

Das ästhetische Wiesel

Ein Wiesel
saß auf einem Kiesel
inmitten Bachgeriesel.
Wißt ihr weshalb?
Das Mondkalb
verriet es mir
im stillen:
das raffinier-
te Tier
tat's um des Reimes willen.

Mit stimmenden Reimen allein ist es nicht getan. Benutzen Sie — in einem Vierzeiler beispielsweise — männliche u n d weibliche Reime (oder umgekehrt). Eine solche Strophe mit den Reimworten „sagen/tun" „fragen/nun" klingt besser als „sagen/heben" „fragen/leben". Und wechseln Sie möglichst in den Vokalen der Reimworte ab: „haben/lagen" „gaben/tagen" oder auch „haben/lag" „gaben/tag" hört sich nicht so gut an wie: „Regen/fließt" „Segen/gießt". Freilich: „Falsch" und „Richtig" gibt es hier nicht.

Lassen Sie es mich wiederholen: Alle diese Anregungen richten sich an den, der Verse zum Hausgebrauch „macht". Für den Dichter gelten andere eigene Gesetze, die tief in den Geheimnissen der Sprache wurzeln.

Wenn Sie ausschließlich reine Reime verwenden, sind Sie schon auf einem guten Weg. Aber auch da lauern noch Gefahren. Von denen sprechen wir im nächsten Kapitel.

Fortsetzung

GLÜCKWÜNSCHE IM RAHMEN DES BERUFSLEBENS

i) Grüße an die Sekretärin

Wirklich tüchtig sind Sie und charmant,
was mich täglich immer wieder freut.
Meiner sozusagen „rechten Hand“
gratuliere ich sehr herzlich heut.
Und ich hoffe, daß dies Angebinde
Ihren ungeteilten Beifall finde!

*

Sie können sich, das möcht’ ich beinah wetten,
vor den Geburtstagswünschen heut’ kaum retten.
Auch der von mir bleibt Ihnen nicht erspart;
doch dafür ist er von besondrer Art:
Ich gratuliere dankbar! Stets aufs neue
erfreun mich Ihre Tatkraft, Ihre Treue!

*

Glückwunsch der besten Mitarbeiterin,
mit der ich wirklich sehr zufrieden bin.
Menschlich und fachlich ist sie tadellos,
und Kaffee kochen kann sie ganz famos.
Drum lassen Sie mich heut’ als Dankeszeichen
hier die Geburtstagsgabe überreichen.

*

Den Glückwunsch möcht’ ich ganz persönlich drehn:
Wie nett, daß Sie mir so zur Seite stehn!

Zum Geburtstag gratulier' ich ehrlich:
Ja, Sie sind mir wirklich unentbehrlich!
Bitte nehmen Sie als Dank deswegen
diesen Gruß und dies Präsent entgegen!

*

Ich gratuliere herzlich, mit Vergnügen;
ich brauche dabei keineswegs zu lügen!
Denn ohne Sie ging' manches glatt verkehrt,
und auch deshalb sind Sie mir soviel wert.
Es bleibe auch im neuen Lebensjahr
so nett und freundlich, wie es bisher war!

*

Ich will's ganz kurz, doch wirklich herzlich machen:
Wer Sie als Sekretärin hat, kann lachen!
Ich gratuliere! Und ich wünsche Ihnen
das Allerbeste — weil Sie es verdienen!

*

Glückwünschend möchte ich als Gruß hinschreiben:
Es möge alles so harmonisch bleiben!

*

Ich merke stets und überall:
Sie sind mein bestes Pferd im Stall.
Dies ist, auch wenn es nicht so scheint,
durchaus als Kompliment gemeint.
Dafür wird ehrlich garantiert
und dementsprechend gratuliert.

2. Dank für gute Mitarbeit

Zwischendurch und nur mal so:
Ich bin wirklich herzlich froh,
daß Sie — Irrtum ausgeschlossen! —
so aktiv, so unverdrossen
viel mehr tun als Ihre Pflicht.
Glauben Sie, ich seh' das nicht?
All dies drückt der Blumenstrauß
besser noch als Worte aus.

*

Gleichmäßig freundlich — das ist viel verlangt,
wenn sich die Arbeit häuft für längre Zeit.
Sie sind ein Vorbild an Verläßlichkeit.
Der Chef ist sehr zufrieden. Und er dankt!

*

Sie machen häufig Überstunden
und haben sich noch nie beschwert.
Ich sage Ihnen unumwunden:
Das ist schon Anerkennung wert!
Einstweilen (machen Sie mal Päus'chen!):
Erfrischendes — und Blumensträußchen!

*

Gerade in den letzten Wochen
war hier der Teufel ziemlich los.
Sie schufteten ununterbrochen;
wie schafften Sie das alles bloß?
Weil jedermann das anerkennt,
erlaubt der Chef sich ein Präsent!

Sie setzten sich tatkräftig ein,
statt rumzumeckern, rumzutoben.
Das alles — wie kann's anders sein! —
ist Grund genug, Sie sehr zu loben.
Mit großem Dank nehm' ich zur Kenntnis
Einsatz und Mühe und Verständnis.

*

Was immer Sie vollbringen,
ob dieses oder das:
In all den vielen Dingen
ist stets auf Sie Verlaß.
Sie führen Listen, Bücher;
Sie machen alles gern.
Und lästige Besücher,
die halten Sie mir fern.
Sie bleiben immer heiter,
sei's ringsum noch so schwer,
anstrengend und so weiter. —
Ich danke Ihnen sehr!

*

Wer sich so tüchtig und so flott betätigt,
dem wird auch zwischendurch mal gern bestätigt
(im Ernst und ohne jede Ironie):
Nur halb so gut ging' alles ohne Sie!

*

Schönsten Dank für alles, was Sie ständig
für mich tun. Ich danke eigenhändig.

Was Sie für mich erledigen und tun
(fast pausenlos und ohne auszuruhn),
das sollte man nicht bagatellisieren;
das muß man vielmehr dankbar registrieren.
Sie waren und Sie sind stets vorbildlich
von früh bis spät. Und dafür danke ich.

*

Wer so wie Sie den Laden schmeißt
und Energie und Charme beweist,
ja, der verdient von Zeit zu Zeit
ein Zeichen echter Dankbarkeit!

---

3. Grüße aus dem Urlaub

Auf meiner kleinen Urlaubsreise
denk' ich sehr gerne beispielsweise
an Sie daheim in dem Betrieb.
Daß Sie jetzt da sind, ist mir lieb:
Sie halten mir, was es auch sei,
den Schreibtisch völlig aktenfrei!
Ich grüße Sie, so gut ich kann.
Bald sind wir wieder ein Gespann!

*

Ich grüße herzlich! Meine Kur
in dieser herrlichen Natur
bekommt mir sozusagen stündlich,
und ich befolge sie ganz gründlich;
das scheint mir hier das Richtigste. —
Nachsenden: nur das Wichtigste!

Was Sie organisierten
und was Sie disponierten:
Sie haben's gut gemacht!
So geht die ganze Reise
auf reibungslose Weise
genauso wie gedacht.
Ich kann an allen Tagen
mich über nichts beklagen;
das tat ich ja noch nie.
Bevor ich weiterstarte,
schreib' ich hier diese Karte.
Sehr herzlich grüß' ich Sie!

*

Ist die „Frei-Zeit“ auch noch ungewohnt:
Klar ist mir, daß sich der Urlaub lohnt,
und entsprechend ist mir schon zumute.
Urlaubsgrüßend wünsch' ich alles Gute!

*

Im recht gepflegten Ferienhause
mach' ich gerade Karten-Pause.
Der erste Gruß — gereimt, gedichtet —
ist mit Bedacht an Sie gerichtet.

*

Ihr Chef (gewissermaßen Ihr „Diktierer“)
denkt urlaubsgrüßend wirklich herzlich Ihrer!
Ich hoff', es halten sich die Konferenzen
und was Sie sonst noch ärgern kann, in Grenzen!

Indes ich mich im Urlaub hier vergrabe,
denk' ich an Sie, die ich verlassen habe.
Oft denke ich — und nicht nur dann und wann —
an Sie, auf die ich mich verlassen kann!

*

Ja, ich genieße hier in vollen Zügen
des Urlaubs unbeschreibliches Vergnügen.
Ich grüße Sie! Gut mög' es Ihnen gehn,
damit Sie diese Wochen überstehn!

*

Ich grüße aus dem fernen Land
sehr herzlich meine „rechte Hand",
die, hoffe ich, mich sehr vermißt,
doch nicht zu überlastet ist!

*

Mein heut'ges Wanderziel — auf eignen Füßen!
Ich denk' an Sie mit besten Urlaubsgrüßen.

Noch mehr Fehler

Von der Strophe haben wir schon gesprochen. Sie ist — erinnern Sie sich? — die aus mehreren Versen (Zeilen) bestehende Gliederungseinheit der gebundenen Rede. Wir als Vers-Handwerker sollten darauf achten, die Form der festen Strophen (mit den Fesseln des Reims, mit der gleichen Zeilenlänge, mit der Einhaltung der gleichen Füllung) zu wählen. Mit anderen Worten: Wenn Ihr Gedicht mehrere Strophen hat, deren jede in sich geordnet ist, sollte eine Strophe wie die andere sein.

Gegen diese Regel wird oft gesündigt. Da hat die zweite Strophe andere Zeilenlängen (Hebungen und Senkungen) als die erste. Da stehen männliche Reime in Strophe zwei dort, wo in Strophe eins weibliche Reime stehen. Da wird in der zweiten Strophe a b b a gereimt, während in der ersten Strophe das Reimschema a b a b ist. Vermeiden Sie solche Unregelmäßigkeiten, bitte! Bleiben Sie auf jeden Fall und in jedem Fall in dem jeweils von Ihnen für ein bestimmtes Gedicht gewählten Rhythmus!

Vielen fällt es schwer, sich so zu binden. Dabei ist die Selbstkontrolle sehr einfach: Sie brauchen nur die Silben jeder Strophenzeile zu zählen und darauf zu achten, daß Hebungen und Senkungen bestimmter Zeilen sich entsprechen. Wer aber auch so nicht zurechtkommt, dem hilft mit Sicherheit eine andere Kontrollart weiter: Basteln Sie Ihre Strophen so, daß alle nach der Melodie eines Liedes gesungen werden können. Wenn Sie beispielsweise als erste Strophe gedichtet haben:

Euch, dem Silberhochzeitspaare,
wünsche ich von Herzen heut'
noch für viele schöne Jahre
alles, was das Herz erfreut,

dann summen Sie diese Strophe auf die passende Melodie von

„Freude, schöner Götterfunken,
Tochter aus Elysium!
Wir betreten feuertrunken,
Himmlische, dein Heiligtum."

Auf diese Melodie muß dann jede Strophe singbar sein. Wenn Sie so vorgehen, wird Ihnen jeder falsche Takt sofort auffallen!

Ein besonders unangenehm wirkender Fehler ist die Inversion (Umkehr), das heißt die Änderung der üblichen Wortfolge, um ein bestimmtes Wort als Reim ans Ende der Zeile zu bringen. Das sieht dann so aus:

„Herzlich gern, mein lieber Knabe,
will erzählen dir jetzt ich,
was erlebt ich heute habe,
als im Traum ich wälzte mich."

Normal in Prosa müßte das so ablaufen:

„Mein lieber Knabe!
Herzlich gern will ich dir jetzt erzählen,
was ich heute erlebt habe,
als ich mich im Traum wälzte."

Ebenso vernünftig soll auch die Wortfolge im Vers sein. Und da hilft es nichts: Sie müssen solange umformulieren (auch unter Verwendung anderer Satzkonstruktionen und anderer Reime), bis das Strophengefüge stimmt.

Noch zwei Tips zum Überdenken und Beherzigen:

1. Hüten Sie sich — vor allem bei der ersten Zeile eines Gedichts — davor, ausschließlich einsilbige Wörter zu verwenden. Eine Reihe von Einsilbern macht es dem Leser

schwer, wenn nicht gar unmöglich, in Ihren (also den richtigen) Rhythmus hineinzukommen. Wenn der Leser aber stolpert, wird er unsicher, ärgert sich und liest nicht weiter.

2. Achten Sie beim Verseschreiben darauf, daß die Wörter der einzelnen Zeilen nicht ausschließlich ein und denselben Vokal haben. Ausnahmen bestätigen diese Regel: bei Rilke (1875—1926) und Weinheber (1892—1945) finden Sie ganze Vokalgedichte und entsprechende Variationen. Aber das ist dann schon Sprachkunst — ein Lyrikbezirk, der nicht lehrbar ist.

Fortsetzung

GLÜCKWÜNSCHE IM RAHMEN DES BERUFSLEBENS

j) Zum 10jährigen Dienstjubiläum

Wer immerhin zehn Jahre seines Lebens
die Stellung hält, so tüchtig, so versiert,
erwartet ganz mit Recht und nicht vergebens,
daß man ihm dazu herzlich gratuliert.
Sie mögen uns noch lang erhalten bleiben!
Das wünschen alle, die hier unterschreiben.

*

Zehn Jahre im Betrieb! — Mit e i n e m Satze:
Man gratuliert; man freut sich allgemein!
Ja, Alkoholisches wird heut am Platze,
am brauchbarsten sowie am besten sein.
Wir wünschen diesem treuen Jubilare,
in dessen Augen kluge Tatkraft blitzt,
noch viele von Erfolg gekrönte Jahre
dort, wo er steht beziehungsweise sitzt!

*

Zehn Jahre im Betrieb! Das will was heißen!
Das heißt auch, daß es Ihnen hier gefällt.
Doch mal muß man sich auch am Riemen reißen.
Wir hoffen, daß der Riemen lange hält!
Wir gratulieren herzlich! Und wir drücken
dem Jubilare fest die Hand: Ahoi!
So wie bisher mög' alles weiter glücken!
Und der Erfolg bleib' Ihnen weiter treu!

Zehn Jahre! Das ist eine lange Zeit!
Dank, Gruß und Lob verdienen Sie mit Recht:
Wir gratulieren! Unsre Herzlichkeit
ist nicht bestellt; die ist schon wahr und echt!
Wir wünschen Ihnen: Klimmen Sie empor
auf jener Sprossenwand, auf der Sie stehn!
Nur weiter so! Und laut erschallt's im Chor:
Es möge alles gut und besser gehn!

*

Zehn Jahre! Dazu Glückwunsch und Belehrung:
Was hier verpackt ist, ist für Sie gedacht
als Zeichen der Verehrung und der Ehrung.
Wir hoffen, daß es Ihnen Freude macht!
Dem Jubilare gratulieren wir:
Glücklich, erfolgreich bleib' er lang noch hier!

*

Ein schöner Grund, die Gläser zu erheben:
Zehn Jahre hier! Wie schnell ein Jahr sich dreht!
Wir gratulieren! Und Sie sollen leben
so hoch und lang wie es nur irgend geht!

*

In die lange Gratulanten-Schar
reihe ich mich herzlich gerne ein.
Glückwunsch zum Jahrzehnt! Und dies ist klar:
Mög' auch weiter jedes neue Jahr
unserem verehrten Jubilar
(oder: unsrer Jubilarin immerdar)
voller Glück und voller Freude sein!

Statt daß ich mich nun wortreich auf Sie stürze,
sag' ich ganz einfach und in aller Kürze:
Glückwünschend grüße ich zum Jubeltag
so herzlich und so gut, wie ich's vermag!

*

Dem Jubilare sei telegrafiert:
Man grüßt! Man wünscht viel Glück! Man gratuliert!

*

Zehn Jahre! Dem, der jubiliert,
wird telegrafisch gratuliert!

k) Zum 25 jährigen Dienst-jubiläum

25 Jahre — allerhand!
Wer des Dienstes Mühen so bestand
und in treuer Arbeit sich verzehrt,
der verdient mit Recht, daß man ihn ehrt.
Ja, Sie haben uns das vorgelebt,
was hinauf zu echter Würde hebt.
An dem Jubeltage drängt's mich nun,
das, was mir am Herzen liegt, zu tun:
Dank, daß Sie uns in so viel Jahren
dienstlich, menschlich stets ein Vorbild waren!

*

25 Jahr im Dienst — mit Schwung!
Sowas hält, man sieht es deutlich, jung.
Glückwunsch zur erreichten Station.
Weiter! Keine Angst: Sie schaffen's schon!

25 Jahre! Wieviel Tage
mancher Freude und so mancher Plage!
Doch Sie haben, was auch immer kam
und Sie so und so in Anspruch nahm,
nie versagt und niemals aufgegeben:
Welch ein schönes und erfülltes Leben!
Und so ist und bleibt der Wunsch lebendig:
Bleiben Sie so wendig und beständig
uns zur Freude und zum Vorbild auch.
So ist es viel mehr als nur ein Brauch,
Ihnen herzlich, dankbar zu gestehn:
Lang noch möchten wir Sie bei uns sehn!

*

Im Dienste bereits
ein Vierteljahrhundert,
was unsererseits
man heftig bewundert:
Das ist eine Hürde!
Man muß gratulieren,
weil Ehre und Würde
den Würdigen zieren!

*

Wir wünschen, daß dem Jubilare täglich
nur lauter Angenehmes widerfahre.
Wir wünschen: Alles bleibe hübsch erträglich
zunächst für weitre 25 Jahre!

l) Glückwünsche zum Jubiläum der Firma

Wenn man zum Jubiläum gratuliert,
dann sind die guten Wünsche wirklich echt.
Was fünfundzwanzig Jahre existiert
(oder: Was nun schon dreißig Jahre existiert)
(oder: Was schon zehn lange Jahre existiert):
Solch Jubiläum feiert man mit Recht!
Was man mit Fleiß und Energie geschafft,
mit Tatkraft, mit Geschick, mit sicherer Hand,
das wachse, das gedeihe beispielhaft
und halte immer allen Stürmen stand!

*

Man jubelt: Fünfundzwanzig Jahre schon!
(oder: Mit Recht wird jubiliert: zehn Jahre schon)
(oder: Laut jubeln alle: Zwanzig Jahre schon!)
Man gratuliert entsprechend und begeistert.
Fügt das Moderne sich zur Tradition,
dann wird die Zukunft sichren Blicks gemeistert.
Man wünscht — getreu der Überlieferung —
der stolzen Firma, die man sehr bewundert,
Erfolg und Glück, Durchsetzungskraft und Schwung
bis mindestens ins kommende Jahrhundert!

*

Zum Jubiläum: Lob und Preis und Ehre
der stolzen Firma, die so lang besteht!
Wir wünschen ihr, daß sich der Umsatz mehre,
daß sich ihr alles stets zum Besten kehre
und daß das Glück ihr stets zur Seite geht!

Unser Glückwunsch: Diese Firma fahre
weiter so erfolgreich durch die Jahre,
und beim flotten Gleiten durch die Wellen
möge stets das Glück die Segel schwellen!

*

Nehmen Sie zum Jubiläums-Tag
unsern besten Glückwunsch nun entgegen.
Was die Zukunft uns auch bringen mag:
stets Erfolg und Glück auf allen Wegen!

VIERZEILER ZUM THEMA „EIN LEHRER VERLÄSST DIE SCHULE“

Heut sind Sie uns noch ziemlich nah,
doch morgen sind Sie fern.
Sie waren immer für uns da.
Wir haben Sie sehr gern!

*

Wie nett es stets mit Ihnen war!
Ich sag' es deutlich heut':
Sie haben uns so manches Jahr
gebändigt und betreut.

*

Sie waren immer väterlich,
und tückisch war'n Sie nie.
Und wer Sie kennt, erinnert sich
mit Dankbarkeit an Sie.

*

Wir waren manchmal ziemlich laut:
Die Bude hat gebebt.
Doch wenn man Sie sich jetzt beschaut:
Sie haben's überlebt.

Gerechtes hatten Sie im Sinn;
doch Böses — nicht die Spur!
Und schrieben Sie die Note hin,
dann stimmte die Zensur.

*

Klar, daß Sie nach so langer Zeit
mehr Ruhe jetzt verdienen.
Wir grüßen Sie in Dankbarkeit;
wir halten viel von Ihnen.

*

Toll, wie Sie alles das bis jetzt
lieb und geduldig schafften!
Wir werden den, der Sie ersetzt,
wahrscheinlich auch verkraften.

*

Sie können jetzt als Rentner ruhn;
das ist schon ideal.
Doch haben Sie mal nichts zu tun:
Besuchen Sie uns mal!

*

Die Zeit soll Ihnen von nun an
nur lauter Schönes schenken.
Und nett wär's, wenn Sie dann und wann
ein bißchen an uns denken!

Glückwünsche im Rahmen des Berufslebens

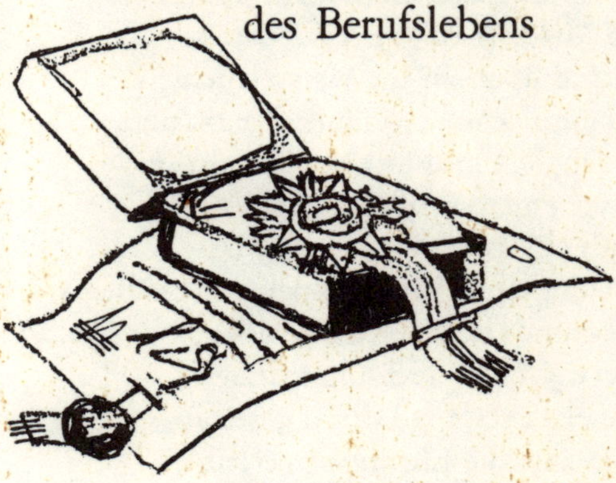

Ordensritter

Was niemand unter uns bestreiten kann:
Wir alle fangen schließlich mal klein an;
es sei denn, daß wir gleich in unsere Wiegen
von unseren Eltern Rang und Reichtum kriegen,
so daß man dies von Anfang an schon hatte.
Ein solcher Fall steht hier nicht zur Debatte.
Hier geht es nur um solche Karrieren,
bei denen Einfluß und Gehalt sich mehren:
Man wird Minister oder Präsident;
man lebt und überlebt im Management;
man wird ein Dichter: Mahner der Nation,
und man rangiert in dieser Stellung schon
gleich hinter einem großen Fußballstar,
der — noch ein Tor! — Idol der Masse war.
Kurzum: Man ist — gern gönnen wir es allen —
auf ganz besondere Weise aufgefallen,
beziehungsweise hat auch unterdessen
an seinem Platz so lange schon gesessen,
daß die Instanz, die Ehrungen verleiht,
beschließt: „Nun wird es allerhöchste Zeit!“
Gesagt, getan. Und so kriegt der Geehrte
das Bundesdeutsche Kreuz, das er begehrte:
Stolz füllt ihn von der Sohle bis zum Scheitel;
die meisten Ordensträger sind so eitel!
Das sprengt beinah schon die Fasson des Fracks.
Na, das ist eine Sache des Geschmacks. —
Mit einem Trostwort endet dies Gedicht:
Man kann den Orden nehmen — und auch nicht.
Und schlimmstenfalls schickt man das gute Stück
mit oder ohne Kommentar zurück.

*

a) Zur Verleihung eines Ordens / einer Ehrung

Wer so wie Sie mit seiner ganzen Kraft
dem Ganzen diente, wirklich beispielhaft,
und dessen Leben Pflichterfüllung lehrt,
dem kommt es zu, daß man ihn deutlich ehrt.
Zu solcher Ehrung muß man gratulieren;
man tut es gern, und ohne sich zu zieren.

*

Wer in beständ'gem Einsatz sich so mühte
in manchem langen, ausgefüllten Jahr
und wer mit Weisheit, Strenge oder Güte
ein kluger Leiter und ein Vorbild war,

wer immer fest dastand auf seinem Posten,
wer immer mehr als seine Pflicht getan
und den wir ohne Rasten, ohne Rosten
im Geiste der Gemeinschaft tätig sahn;

wer seines Amtes oft so schwere Bürde
so wacker trug und ständig so bereit,
verdient mit Recht die ganz besondere Würde,
die man an diesem Tage ihm verleiht.

Sein Wirken und sein Schaffen und sein Leben
steh' immer unter einem guten Stern,
und der Erfolg mög' neue Kräfte geben. —
Wir gratulieren herzlich, dankbar, gern.

Sie sind mit einem wohlverdienten Orden
in diesen Tagen ausgezeichnet worden.
Wir sprechen drum mit Beifall und Applaus
Glückwunsch und höchste Anerkennung aus.
Denn etwas gilt bestimmt in diesem Falle:
Vorbild und Ansporn sind Sie für uns alle!

*

Man hat Sie ganz mit Recht geehrt,
und das ist höchsten Glückwunsch wert!

*

Welche hohe Ehrung einen Würd'gen ziert!
Man freut sich herzlich mit! Man gratuliert!

---

b) Dank an die Dame in der Anmeldung

Sie sitzen sozusagen hier auf Wache;
das ist nicht immer eine leichte Sache!
Sie wissen, wer wann wo ist im Betrieb;
das Telefon geht mehr, als Ihnen lieb;
Sie kennen die Vertreter und die Kunden;
und dem Besucher, der hierhergefunden,
wird Zeit gewidmet — freundlich, nicht zu knapp;
und wenn es sein muß, wimmeln Sie ihn ab.
Das alles machen Sie geschickt, und wie!
Was wär' der ganze Laden ohne Sie! —
Wenn Sie nun nach dem Sinn des Schreibens fragen:
So zwischendurch wollt' ich mal „Danke!" sagen.

Statt eines üblichen Bla-Bla-Geredes:
Sie hüten den „Empfang“ ganz vorbildlich.
Sie kümmern sich um alles und um jedes.
Wer kümmert sich um Sie? Das frag’ ich mich.
Die Antwort gebe ich gleich selbst: Ich tu’s
mit diesem Dank- und Anerkennungs-Gruß!

*

Sie sitzen im Betrieb ganz vornean
und andererseits doch wieder weit vom Schuß.
Wenn ich das richtig überblicken kann,
ist das bestimmt nicht immer ein Genuß.
Als Trösterchen, als kleines Dankeszeichen
möcht’ ich dies Päckchen Ihnen überreichen.

*

Es ist bestimmt nicht immer ein Vergnügen,
von früh bis spät hier im Empfang zu walten.
Da muß man immer nett sein (auch beim Lügen);
man muß auf Draht sein, und man muß schnell schalten.
Sie machen alles wirklich vorbildlich;
dafür (und überhaupt) bedank’ ich mich!

*

Wie gut, daß Sie den rechten Ton stets finden!
Man sollte Ihnen Lorbeerkränze winden!
Doch auch ein solcher Strauß hat seinen Sinn:
Es liegen Dank und Anerkennung drin!

c) Dank an die Raumpflegerin

Man sieht es (doch Sie selber sieht man kaum):
Sie pflegen wirklich prachtvoll diesen Raum.
Zum Dank sowie als kleiner Arbeits-Trost:
Bedienen Sie sich dieses Fläschchens! Prost!

*

Sie pflegen prima; da wird nichts vermißt!
Sie putzen und Sie wischen und Sie fegen.
Jedoch Sie lassen — meiner Bitte wegen —
die Schreibtischplatte so, wie sie grad' ist.
Ich möchte Ihnen, liebe Pflegedame,
Dank sagen für so saubere Rücksichtnahme!

*

Von allen und von mir: Auf diesem Wege
herzlichen Dank für Sauberkeit und Pflege!

*

Sie putzen und Sie wischen
in Winkeln und in Nischen;
Sie pflegen auch den Boden
mit sauberen Methoden;
Sie leeren dort und hier
die Körbe fürs Papier,
entfernen alte Kippen
und ordnen Fernsprech-Strippen:
Der Raum ist, wie ich seh',
dann wieder ganz o. k.
Zum Dank — es freut vielleicht —
sei dies hier überreicht.

Sie haben dieses Raumes sich
stets sauber angenommen,
sonst wäre er und wäre ich
vermutlich längst verkommen.
Und weil ich dafür einen Sinn
und viel Verständnis habe,
stell' ich für Sie sehr dankbar hin
hier diese kleine Gabe!

---

d) Dank an den Hausboten

Mal offen und mal ehrlich:
Sie sind ganz unentbehrlich!
Man braucht nicht aufzusagen,
womit Sie sich so plagen.
Feststeht: Es ginge nie
so zügig ohne Sie! —
Daß Sie nett und gewandt,
wird dankbar anerkannt!

*

Für alles das, was Sie tagtäglich
verständnisvoll, fix und verträglich
für uns an Botengängen tun,
bedanke ich mich herzlich nun.
Was dies Paketchen hier enthält?
Ich hoffe sehr, daß es gefällt!

*

Weil Sie mich immer nett betreuen,
möcht' ich Sie heut' auch mal erfreuen.
Der Dank ist groß, das Päckchen klein.
Sein Inhalt möge brauchbar sein!

Ohne Ihre flotten Gänge
kämen wir oft ins Gedränge.
Dank für alle Mühewaltung
und für freundlich-nette Haltung!
Angenehm in Freizeitstunden
sei das, was hier angebunden!

*

Für Ihre Müh' an allen Tagen
möcht' ich heut' herzlich „Danke" sagen.
Doch womit sag' ich's nur? Ich hab's:
Bekömmlich ist ein kleiner Schnaps!

Es geht um mehr Geld!

Dies scheint mir ein überzeugender Kapitelanfang zu sein: In dem dicken „Sprichwörterbuch" von Franz Freiherr von Lipperheide (Haude & Spenersche Verlagsbuchhandlung, Berlin 1962) stehen 33 Sprüche über „Bescheiden" und „Bescheidenheit", während zum Begriff „Geld" 131 Sprüche verzeichnet sind. Das hat gute Gründe, und sicher gibt es da Zusammenhänge.

Nun wird es mit dem Geld (Lohn oder Gehalt) im Beruf unterschiedlich gehandhabt. Für große Gruppen der arbeitenden Bevölkerung gibt es Lohn- und Gehaltstarife, die von den Gewerkschaften ausgehandelt werden. Andere Berufsgruppen (zum Beispiel Leitende Angestellte) werden meist außertariflich bezahlt. Da kommt's dann darauf an, wie teuer der einzelne sich verkaufen kann. Es reicht aber nicht, sich einmal bei der Einstellung gut „zu verkaufen". Man muß — wenn man weiterkommen will und keine Gewerkschaft hinter sich hat — immer wieder bohren. Oder „springen". Zur Konkurrenz wechseln, wenn die Chancen dort größer und verlockender sind.

Die Neigung zum Firmenwechsel blüht. Trotzdem: Hier und da zahlt sich Firmentreue doch noch aus. Für den Fall, daß Sie in Ihrer Firma bleiben wollen und dort um Gehaltserhöhung bitten müssen oder die gewährte Aufbesserung des Lohns nicht stillschweigend hinnehmen wollen, habe ich einige Versbeispiele entworfen. Vor dem Brief, mit dem Sie um mehr Geld bitten, muß ich noch einen Vorbehalt machen.

Schreiben Sie nur dann, wenn Sie fest davon überzeugt sein können, daß der Empfänger Ihres Briefes für diese Art von Korrespondenz mindestens wohlwollendes Verständnis hat. Wenn das nämlich nicht da ist, machen Sie trotz Ihres hübschen Anlaufs eine glatte Bauchlandung. Das wäre blamabel;

ganz abgesehen davon, daß eine solche Turnübung fürs Weiterkommen im Betrieb nicht dienlich sein kann. Also, bitte Vorsicht!

Aber auch das wäre denkbar: Ihr originelles Vorgehen gefällt — und schon haben Sie auf Ihre besondere Weise leicht das erreicht, worauf Sie bei Einschaltung des üblichen Weges sehr viel länger hätten warten müssen.

Selbst wenn Sie sich aber solcher Versfüße nicht bedienen wollen oder können, haben die fünf gereimten „Mehr-Geld-Bitten“ und die fünfzehn „Bedanke mich“-Verse in diesem Buch noch ihren Sinn. Nehmen Sie sich die Zeit, alle zwanzig Texte in Ruhe durchzulesen und sich dabei zu überlegen und vorzustellen: Was wäre, wenn . . . Das wird Sie erheitern, und damit tun Sie sich und Ihrem Chef einen Gefallen. Ich zitiere Wilhelm von Humboldt (1767—1835): „Die Heiterkeit, selbst die wehmütige, macht zu allem Guten aufgelegter und gibt dem Gemüte Kraft, sich selbst mehr aufzuerlegen und mehr für andere zu leisten.“

Was ich persönlich Ihnen wünsche? Eine schöne runde Zulage! Und Aussicht auf weitere!

Fortsetzung

WEITERE GLÜCKWUNSCH- UND ANDERE VERSE IM RAHMEN DES BERUFSLEBENS

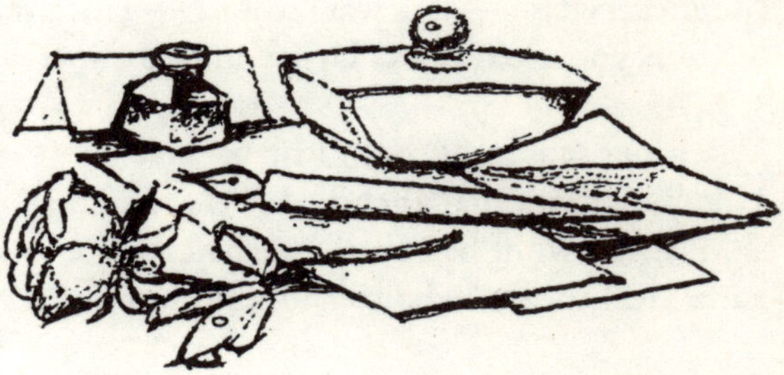

e) Bitten um Gehaltserhöhung

Sie hatten's mir in Aussicht schon gestellt
beziehungsweise für demnächst versprochen.
Die Tage gehn vorüber — und die Wochen.
Man altert sichtlich. Doch es kommt kein Geld!

Ich weiß: Instanzenwege brauchen Zeit.
Die Hoffnung aber ist noch nicht erloschen.
Ich nage zwar noch nicht am letzten Groschen;
in Kürze aber ist es wohl soweit.

Ich fasse mir ein Herz: Auf in den Kampf!
Ich möchte mich an Ihr Versprechen halten.
Möglicherweise — das wär' schön! — entfalten
Sie nun von oben etwas Druck und Dampf?

Wie ich es sehe, wär' das nicht verkehrt.
Und außerdem mal ehrlich: Im Geschäfte
sind meine wohl bewährten Arbeitskräfte
ganz sachlich die Gehaltserhöhung wert.

Drum bitte ich auf ganz besondre Art
und weniger nach dem gewohnten Schema:
Verleihn Sie dem Gehaltserhöhungs-Thema
doch möglichst bald mehr Schwung und flotte Fahrt!

D e r macht's gerissen; d e r macht's mit Gewalt;
d e r hat den Trick, daß Konkurrenten locken.
I c h bitte sachlich darum, mein Gehalt
leistungsentsprechend etwas aufzustocken.

Ich halte nichts von Überheblichkeit
und andrerseits auch nichts von Jammermiene.
Ich meine schlicht, ich müßte mit der Zeit
doch mehr verdienen, als ich jetzt verdiene.

Ich wäre dankbar, Ihnen das und dies
in einer Unterredung darzulegen.
Da Optimismus mich noch nie verließ,
seh' ich voll Spannung dem Termin entgegen.

*

Der Dienst, die Arbeit hier in dem Gebäude —
all das gefällt mir wirklich gut, und wie!
Wenn's ginge, lebte ich von dieser Freude
statt vom Gehalt. Doch das ist Theorie.

Sie wissen's auch. Drum krieg' ich für mein Werken
am Monatsende zur gewohnten Frist
so manche „Mäuse" — um schon bald zu merken,
daß diese Mäuse-Schar zu winzig ist.

Als Tier- und Menschenfreund — Sie sind doch beides! —
erhöhen Sie mir bitte doch recht bald
zwecks Lindrung meines schon beschriebnen Leides,
was ich von Ihnen kriege: mein Gehalt!

Das ist bekannt und völlig einzusehen:
Bei jedem Mitarbeiter hier im Haus
setzt man besonders mutige Ideen
von hoher Effektivität voraus.

Um dieses etwas scherzhaft aufzugreifen:
Man könnte schließlich mal eventuell
die Frage der Gehalts-Erhöhung streifen;
das ist teils mutig, teils originell.

Kopfschüttelnd möchten Sie darüber stutzen?
Doch e i n Gedanke überzeugt schon sehr:
Auch fürs Geschäft wär' solche Tat von Nutzen;
zufriedne Mitarbeiter leisten mehr!

Auf diese Art mich offen auszudrücken
— und Offenheit galt immer schon als fair! —
scheint mir mehr angebracht als „hinterm Rücken"
(was außerdem auch recht betriebsblind wär').

Sie werden sicher nicht die Stirne runzeln.
Ich hoffe, daß Sie meine Bitte rührt
und daß Ihr sachlich-nachdenkliches Schmunzeln
den Fall zu einem guten Ende führt.

*

Ein alter, oft zitierter Spruch ist der:
Bleibt man bei e i n e r Firma lang und länger,
ach ja, dann hat man's als Gehaltsempfänger
in ganz bestimmter Weise ziemlich schwer.

Denn diese Überlegung liegt doch nah:
Wenn man wen sucht, verkauft sich so ein Neuer
beim Hin- und Her-Verhandeln gut und teuer.
Der „Alte" kann das nicht; er ist ja da!

Wenn unsereiner das als Faktum nimmt,
könnt's ihm so manche Illusionen rauben.
Doch andrerseits kann ich nun mal nicht glauben,
daß grad' bei uns so etwas gilt und stimmt.

Drum bitt' ich, mein Gehalt jetzt zu erhöhn.
Und führten diese scherzhaft-ernsten Zeilen
Sie dazu, mir „Genehmigt!“ mitzuteilen:
Das wär' verdientermaßen wirklich schön!

---

f) Dank für Gehaltserhöhung

Kurz und bündig dank' ich Ihnen:
Schön ist es, mehr zu verdienen!

*

Sie haben der Gehaltserhöhungs-Bitte
gleich zugestimmt — was mir durchaus gefällt!
Ich halte es für eine gute Sitte,
sich zu bedanken, wenn man das erhält,
was man aus manchem guten Grund erbeten.
In diesem Sinne: Dank für die Moneten!

*

Wie gern nimmt man zur Kenntnis:
„Mehr Geld gibt es alsbald!“
Ich danke fürs Verständnis
nebst höherem Gehalt.

Wenn das Gehalt allmählich höher klimmt,
ist der Betroffene recht froh gestimmt.
So dankt er herzlich (wie sich das versteht),
und hofft zugleich, daß es so weitergeht!

*

Ja, ich freu' mich! Und ich sage offen,
ohne nun verlegen zu erröten:
Danke, daß Sie mein Gehalt erhöhten
und dabei das richt'ge Maß getroffen!

*

Höheres Gehalt! Wie mich das freut!
Dafür dank' ich Ihnen herzlich heut'!

*

Gehaltserhöhung! — Wie wir alle wissen,
ist das ein wunderbares Ruhekissen.
Privat natürlich! Dienstlich spornt es an
(was ich für mich durchaus versichern kann).
In diesem Sinne danke ich recht herzlich. —
Mehr Steuern zahlen, das ist freilich schmerzlich!

*

Für die Gehaltserhöhung dank' ich sehr:
S i e macht's nicht ärmer, und i c h habe mehr!

*

„Mehr Geld für Sie!“, so haben Sie entschieden,
und so wird es in Kürze ausgeführt.
Ich bin mit dieser Regelung zufrieden,
und ich bedanke mich, wie sich's gebührt!

Ich kam auf der Gehaltsempfänger-Leiter
ein durchaus angenehmes Stückchen weiter
beziehungsweise — schließlich soll sich's lohnen! —
nunmehr in etwas höh're Regionen.
Herzlichen Dank! Ich fühle mich hier oben
gut eingestuft; gut an- und aufgehoben!

*

Wie nett, daß Sie Verständnis für mich hatten:
Mehr Geld! Das kommt mir wirklich gut zustatten,
weil es mich durchaus angenehm betrifft.
Ich danke wirklich herzlich! Unterschrift:

*

Gehaltserhöhung! Herzlich danke ich!
Das hat sehr viel für sich — und viel für mich!

*

Gehaltserhöhung, dachte ich erst neulich,
wär' langsam fällig und durchaus erfreulich.
Nun ist sie wirklich da, und diesbezüglich
bedanke ich mich herzlich und vergnüglich.

*

Wenn ich im Mammon auch noch nicht ertrinke:
Der Firma sei von Herzen Dank gezollt,
weil nunmehr monatlich mehr Pinke-Pinke
verdientermaßen auf mein Konto rollt.
Und dementsprechend sagt mir der Verstand:
Hier werden Leistungen doch anerkannt!

Gehaltserhöhung und andere Ungerechtigkeiten

Man kennt sich aus im Kreise der Kollegen:
Man schimpft gemeinsam (guter Gründe wegen)
auf dies und das: aufs Klima im Betrieb,
wo mancherlei an Wünschen offen blieb;
auf Ferienordnung; Organisation;
auf des Abteilungsleiters strengen Ton
(zu Hause hat er nämlich nichts zu sagen);
man meckert über Dienst- und andere Wagen;
man lehnt entschieden die Kantine ab,
weil's heute wieder Frikadellen gab;
spricht über Mädchen (manchmal sehr direkt),
bis man das Thema Nummer zwei entdeckt:
Der Fußball ohne oder mit Skandal
ist fürs Gespräch doch immer ideal!
Na schön! — Was aber sagt man beispielsweise,
wird irgendwer aus dem Kollegenkreise
befördert oder kriegt jetzt mehr Gehalt?
Da überläuft es einen heiß und kalt.
Wie schnell ist gute Laune abgekühlt,
wenn man sich selber übergangen fühlt! —
Auch jener, der sich innerlich empört,
muß trotzdem tun, was sich nun mal gehört:
Das erste Wüten überlächelt habend
(man explodiert zu Hause dann am Abend),
wünscht man viel Glück; normal, nett und vernünftig,
denn in der Firma trifft man sich auch künftig;
da ist es ratsam, recht gefaßt zu bleiben.
Man braucht es freilich nicht zu übertreiben,
wenn man zum ärgerlichen Glückwunsch startet.
Handkuß und Kniefall werden nicht erwartet.

Aufwärts geht's mit tollem Schwung:
Mehr Gehalt — mehr Ehre!
Glückwunsch zur Beförderung!
Glückwunsch zur Karriere!

g) Glückwünsche zur Beförderung

*

Auf des Dienstes Stufenleiter
geht es wirklich zügig weiter.
Grüßend wink' ich mit der Flosse:
Glückwunsch zu der höh'ren Sprosse!

*

Beförderung, das ist der Mühe Lohn.
Von ganzem Herzen Gratulation!

*

Herzlich muß man gratulieren:
Aufwärts geht es Schritt für Schritt.
Da wird keiner protestieren;
wer Sie kennt, der freut sich mit!

*

Wie glücklich und wie hübsch sich alles fügt!
Ja, solche Kraft wie Sie kann man gut brauchen.
Ich gratuliere herzlich und vergnügt;
auch weiterhin mög' stets der Schornstein rauchen!

Beruflich und im Leben
nach hohen Zielen streben:
Dazu gehört schon Kraft,
und allen glückt es schwerlich.
Ich gratuliere ehrlich:
Sie haben es geschafft!

*

Wer fleißig und tüchtig gestartet
und durchhält wie Du, kommt voran.
Wir haben's nicht anders erwartet;
begeistert sehn wir's mit an.
Der Glückwunsch ist herzlich und heiter
und ehrlich gemeint. Nur so weiter!

*

Wer so die Karriere meistert,
dem gratuliert man ganz begeistert.
Beförderte sind stolz — mit Recht!
Der Glückwunsch ist von Herzen echt.

*

Ein solcher Brief ist noch das beste Mittel,
Gefühl zu zeigen, ohne daß man stört.
Ich gratuliere zu dem neuen Titel
sowie zu allem, was dazu gehört.
In diesem durchaus freundschaftlichen Sinn
wünsch' ich Erfolg und Glück auch weiterhin.

Gehalt ist immer förderlich,
ob man es „der“, ob „das“ betitelt.
Erhöht sich „das“, denkt man bei sich:
„Nun bin ich etwas mehr bemittelt.“
Ich gratuliere! Denn mehr Geld
erleichtert viel auf dieser Welt!

h) Glückwünsche zur Gehaltserhöhung

*

„Gehalts-Erhöhung“ ist ein schönes Wort!
Man freut sich mit! Man gratuliert sofort!
Nun möge bei dem Umgang mit den Scheinen
sich das Gefühl mit dem Verstand vereinen!

*

Daß die Bezüge sich erhöhten,
das war gewiß schon längst vonnöten.
Nun ist's erreicht, und Sie sind froh.
Ich gratuliere! Weiter so!

*

„Der ärgste Fluch des Menschen ist das Geld!“
so sprach der alte Sophokles *) (nicht Goethe).
Ich sag' hingegen, daß es mir gefällt,
daß man jetzt eben Dein Gehalt erhöhte.
Ja, Du verstehst, Geld richtig zu behandeln
und seinen „Fluch“ in Segen zu verwandeln!

*) In dem Drama „Antigone“ des griechischen Dramatikers Sophokles.

Alle Jahre wieder: Julklapp

Wenn's allmählich weihnachtet, geht in vielen Büros und Betrieben ein Gespenst um: Julklapp. Da muß man nämlich überlegen, wer welchem Kollegen oder welcher Kollegin was mit welchem möglichst gereimten Begleittext überreicht. Die kleine Gabe soll ein wenig scherzhaft und sinnvoll zugleich sein. Der Text soll nicht weh tun, aber doch ein bißchen pieken. Das alles zusammen ist nicht ganz einfach. Die Erfinder des „Julklapp" hatten es da leichter. Das Lexikon erklärt es uns so: „Julklapp, alter Weihnachtsbrauch: Ein Geschenk wird von einer versteckten oder vermummten Gestalt ins Zimmer geworfen und gelangt erst nach Lösung seiner vielen Umhüllungen zu seinem Empfänger. Wohl ursprünglich schwedisch; über Vorpommern—Rügen nach Norddeutschland getragen." Hieran und daran, daß das Julfest ursprünglich das altgermanische Wintersonnenwendfest gewesen ist, denkt man heute nicht mehr.

Trotzdem: Es bleibt genug zu überlegen. Man will sich ja weder mit dem Geschenk noch mit dem Text blamieren. Bei der Wahl der richtigen Worte sollen Ihnen die 26 Vorschläge in diesem Kapitel helfen. Hier wie auch sonst gilt freilich: Allen Eventualitäten und Individualitäten können die Texte nicht entsprechen. Immerhin sind die Verse anwendbar auf solche, die zuviel rauchen; die unpünktlich sind; die reichlich angeben; die keine Geduld haben; die nur vom Fußball oder nur von ihrem Auto reden; die Briefmarken räubern und zu gern mal „Einen heben"; die eitel sind oder Büro-Casanovas sein möchten; die laut sind oder auch sonst weniger beliebt — und natürlich etliche Verse auf jene, die einem und allen einfach sympathisch sind. Die gibt's nämlich auch.

Diese Aufzählung ist nicht vollständig. Beim Lesen der Texte werden Sie weitere Verse entdecken, die Sie möglicherweise verwenden können. Und überall können Sie durch kleine

Änderungen manches noch passender machen. Im 18. Julklappvers (Seite 183) beispielsweise wird der Betroffene gesiezt. Wollen Sie ihn duzen? Ganz einfach! In Zeile 1 wird „Ihr" durch „Du" ersetzt; in Zeile 4 wird „Sie rauchen leider" oder „Sie gähnen leider" umformuliert in „Du rauchst tatsächlich" oder „Du gähnst tatsächlich"; in Zeile 6 heißt es dann „Deinen bittren Schmerz"; in Zeile 7 tritt an die Stelle von „Sie sind uns" nun „Du bist uns", und die letzte Zeile lautet so: „Rate doch einmal, wer dieses schrieb."

Noch ein Beispiel? Bitte schön! Einer der Julklappverse lautet:

Bei Ihnen dreht sich alles um den Wagen;
für andere Themen sind Sie taub und blind.
Sie kennen alle Typen sozusagen;
vielleicht, weil Sie selbst eine Type sind? —
Probieren Sie den Wagen hier! Weswegen?
Den brauchen Sie — wie praktisch! — kaum zu pflegen.

Wenn man hier zum „Du" übergehen möchte, braucht's schon etwas mehr Überlegung; aber auch nicht soviel, daß man etwa scheitern müßte. Ich würde es so machen:

Bei Dir dreht jeder Satz sich um den Wagen;
kein anderes Thema hat Dich je erreicht.
Du kannst zu allen Typen etwas sagen,
weil Du selbst eine Type bist — vielleicht?
Probier doch mal den Wagen hier! Weswegen?
Den brauchst Du — äußerst praktisch! — kaum zu pflegen!

So kann man's machen, und so können Sie es auch schaffen! Zumal dann, wenn Sie rechtzeitig und nicht erst im letzten Augenblick ans Umformulieren gehen. Achten Sie dabei bitte auf die richtigen Reime und auf den richtigen Rhythmus! Wir haben das in anderen Kapiteln ausführlich behandelt.

i) Jul-klapp-Verse

Der Nikolaus hat sich was ausgedacht,
was Ihnen ganz bestimmt viel Freude macht:
Das Ührchen soll Sie morgens daran mahnen,
den Gang zum Dienst rechtzeitig vorzuplanen,
und nachmittags zeigt es entsprechend an,
wann man mit Fug und Recht verschwinden kann.
Doch wenn sich jemand nach der Uhr nicht richtet,
hab' ich vergebens dies Gedicht gedichtet.

*

Sie kriegen hier ein Gläschen, ziemlich klein,
doch groß wird sicher Ihre Freude sein.
Vermissen Sie dazu den Alkohol?
Sie wissen höchstwahrscheinlich selber wohl:
Sie haben davon selbst mehr als genug;
wir kennen Ihren regelmäßigen Zug!
Vielleicht erziehn des Glases Dimensionen
Sie mit der Zeit zu kleineren Portionen?

*

So will der Nikolaus zu Ihnen sprechen
(und dabei sieht er Sie leicht strafend an):
„Wer es drauf anlegt, Herz um Herz zu brechen,
der kriegt hier eins, an dem er üben kann.
Wenn dieses hier zerbricht, ist es nicht schade;
dies Herz besteht ja nur aus Schokolade!"

Man hört hier im Betriebe dann und wann,
daß der und jener Sie nicht riechen kann.
Der Hinweis sei dabei nicht unterlassen:
Dies ist bestimmt nicht wörtlich aufzufassen.
Es ist hier ebenso wie überall;
man sagt schon mal: „Der Typ ist nicht mein Fall“.
Ob dieses Fläschchen, düftereich bewässert,
den Zustand, der nicht angenehm, verbessert?
Bedenken Sie es ruhig mal! Das wäre
gewiß ganz nützlich für die Atmosphäre!

*

Vielleicht gelingt es, Sie zu überraschen.
In dem Paketchen ist etwas zum Naschen;
genau gesagt: Hier drinnen ist Konfekt,
das ausgesprochen zart und lieblich schmeckt.
Und wer Sie kennt, wird diese Wahl begrüßen;
denn Süßes paßt nun mal zu einer Süßen!

*

Der Nikolaus hat's lange überlegt
und in Gedanken hin und her bewegt:
Was könnte man in diesem Falle nun
erzieherisch für den Beschenkten tun?
Ich hab's! Ein Kartenspiel muß her — sogleich!
Das ist notwendig und beziehungsreich.
Das Spiel heißt: „Patience“; das heißt „Geduld“.
Wer sie nicht lernt, ist leider selbst dran schuld
und ärgert andere und kränkt sie nur.
Denn Ungeduld ist fast wie Diktatur!

Privatgespräche im Büro zu führen —
ach ja, wie gerne spart man die Gebühren!
Spricht man privat recht oft und recht ausführlich,
erreicht man außerdem auch dies natürlich:
Man ist für die Kollegen, diese frechen,
die dienstlich etwas wollen, nicht zu sprechen.
Das führt zu manchem Ärger, manchem Fluch.
Drum gibt es hier vom Nikolaus ein Buch:
Man sollte, um sich selbst zu kontrollieren,
darin nach Art und Dauer das notieren,
was man privatim durch die Leitung jagt.
Worauf man sich nach einer Woche sagt:
„Welch gräßliche Bilanz! — Ich seh' es ein:
Von jetzt an werd' ich nur noch dienstlich sein!"

*

Bei Ihnen dreht sich alles um den Wagen;
für andere Themen sind Sie taub und blind.
Sie kennen alle Typen sozusagen:
vielleicht weil Sie selbst eine Type sind? —
Probieren Sie den Wagen hier! Weswegen?
Den brauchen Sie — wie praktisch! — kaum zu pflegen!

*

Dies Taschentuch dient nicht dem Naseputzen;
es ist auf andere Weise zu benutzen:
Vergißt man beispielsweise manche Sachen,
dann kann man einen Knoten darin machen.
In Ihrem Fall — und damit will ich enden —
ist dieses Tuch sehr häufig zu verwenden!

Auf diesem Notenblatt kommt beispielsweise
das Wort „piano“ deutlich lesbar vor.
Wenn man piano spricht, dann spricht man leise;
im allgemeinen klingt das gut im Ohr.
„Forte“ bedeutet „laut“; es klingt auch so.
Sie sprechen leider meist „fortissimo“.
Ach, seien Sie, weil das viel schöner ist,
anhand des Notenblattes „Pianist“!

*

Höchst modern ist gegenwärtig,
daß man haarig als auch bärtig.
Ach, die Wirkung langer Haare
steigert sich ins Wunderbare,
wenn man solche unentwegt
so, wie Du Dich abmühst, pflegt.
Passend dazu soll sich fügen
diese Gabe. Viel Vergnügen!

*

Sie sind fanatischer Philatelist,
vor dem kein einz'ger Umschlag sicher ist.
Läßt irgendwo sich eine Marke sehn,
ist es im Handumdrehn um sie geschehn.
Gelegentlich streift so was, wie ich glaub',
gewissermaßen beinah schon an Raub!
So geht das nicht! Drum will ich heut probieren,
Ihr Markensammeln zu legalisieren.
Ich biete in der Tüte dieses an:
Zehn Pfennig, postfrisch, Gustav Heinemann!

Wer im Büro zu jeder Frist
kollegial und freundlich ist;
wer Klugheit und Gefühl verbindet;
wer Trost und Rat für jeden findet,
bekommt — der Fall liegt klar und glatt —
ein Herz, obwohl er schon eins hat.

*

Es heißt: Wer angibt, der hat mehr vom Leben.
Wenn's stimmt, dann haben Sie von ihm sehr viel!
Es kann vielleicht noch eine Steigrung geben:
Versuchen Sie es mit Trompeten-Spiel!
Es wird unmöglich sein, Sie nicht zu hören.
Und den, der bläst, wird der Radau nie stören.

*

Wer immer und wer überall
nur eins im Kopf hat: jenen Ball,
den bunt gekleidete Athleten
am Wochenende torwärts treten
(hier liegt der Satz nicht allzuweit:
ein Kopfball ist nicht Kopfarbeit!),
kann leicht, wie es schon manche taten,
ins „Abseits" irgendwie geraten;
es interessiert sich ja nicht jeder
ausschließlich für das runde Leder.
Es gibt — man kann's dem Buch *) entnehmen —
tatsächlich auch noch andre Themen!

*) z. B. ein Taschenbuch mit Aphorismen; ein Taschenkrimi und dergleichen.

Kein Grund, daß man's verhehle:
Das Stäbchen unterstreicht
Anordnungen, Befehle
und alles, was dem gleicht.
Verantwortung kann zieren.
Wenn man es richtig packt,
gehört zum Dirigieren
vor allem aber Takt!

*

Betrachten wir es einmal nüchtern,
dann sind Sie offensichtlich schüchtern.
Das tut schon eine ganze Zeit
dem Nikolaus (und andern) leid.
Das paßt doch nicht zu Ihrem Alter.
Drum gibt's als Julklapp einen Schalter,
um auch in schwierigeren Fällen
Kontakte leichter herzustellen!

*

Sicher wird Ihr Herz vor Freude klopfen:
Dieses dient dazu, den Mund zu stopfen!
Grade dieses war schon lang mein Ziel,
denn Sie rauchen *) leider viel zu viel.
Andrerseits: Mit diesen Julklapp-Grüßen
möcht' ich Ihren bittren Schmerz versüßen,
denn Sie sind uns allen trotzdem lieb. —
Raten Sie doch mal, wer dieses schrieb!

*\) *oder: gähnen, plaudern, jammern usw.*

Man hört soviel von Ihren tollen Künsten
im Kochen, Braten, Backen oder Dünsten.
Da wären, hab' ich mir ganz schlicht gedacht,
Spezial-Rezepte sicher angebracht.
Fernseh-geübt sag' ich von vornherein:
„Ohne Gewähr!“ Ich will nicht schuld dran sein,
wenn sich zu Hause irgendwer beschwert.
Am besten sagt man dann: „Es liegt am Herd!“

*

Wer alles mit Vergnügen kritisiert
und andere so gerne kontrolliert,
der wird, um in der Praxis noch zu reifen,
begeistert nun zu dieser Lupe greifen.
Der Sinn der Gabe wird damit nicht enden;
die Lupe ist mehrzweckig zu verwenden:
Man kann mit ihr — und darauf ist zu achten! —
sehr scharf und kritisch auch sich selbst betrachten!

*

Liegen Kekse, Schokolade
sozusagen ländlich-sittlich
nackt herum, ist das nicht grade
einwandfrei und appetitlich.

Ab hier in dem Behälter
— Deckel bitte nicht verlieren! —
wird das Zeug nur langsam älter
und ist nett zu präsentieren!

Wer wochentäglich in den Arbeitsstunden
so wirkt: verschlossen und kurz angebunden;
wer unpersönlich-sachlich allgemein
sich oft begnügt mit kurzem „Ja“ und „Nein“;
wer nach der Uhr lebt und wer oft vergißt,
daß der College kein Computer ist;
wer andrerseits, was man sehr selten findet,
Korrektheit mit Gerechtigkeit verbindet;
wer seine Mitarbeiter nicht blamiert
und keine Untergebnen schikaniert;
wer viel, doch nichts Unmögliches verlangt
und für Gefälligkeiten sich bedankt;
wer „Guten Morgen“ sagt und „Guten Tag“;
wer von Intrigen gar nichts wissen mag,
der kriegt, damit er jene kleine Lücke
zum Zwischenmenschlichen mal überbrücke,
ein Teelicht. Dieses dient — ganz im Vertraun —
dazu, die Atmosphäre aufzutaun.

*

Wer vom Hals bis hin zum Scheitel
ganz besonders schön und eitel
und wer denkt: „Ich bin ästhetisch,
denn ich pflege mich kosmetisch“,
wird gewiß an allen Tagen
einen Spiegel bei sich tragen.
Trotzdem gibt es hier noch einen,
denn die Umwelt möchte meinen:
Wer sich selber so gefällt
und für ganz bezaubernd hält,
möchte sich — man kann's verstehn —
liebend gerne doppelt sehn!

Wird dieses auf dem Schreibtisch stehn,
dann ist es jeden Tag zu sehn.
Wie nett, bei solcherlei Geschenken
an den, von dem es stammt, zu denken!
Von wem — das rät man ziemlich schwer.
War's eine „SIE"? War es ein „ER"?
Doch drängt man noch so ungestüm:
Der Julklapp-Mensch bleibt anonym.

*

Ein Messer (Löffel) *) für besondere Zwecke!
Ja, man vermeidet leicht dabei
unsachgemäße Pantscherei
und dauerhafte Früchte-Flecke.
So wirkt der Obstgenuß manierlich;
bei längrem Üben sogar zierlich!

*) *Tomatenmesser; Grapefruit-Messer; Obstmesser; Grapefruit-Löffel.*

Sie sind tatsächlich ein Naturtalent,
wie man es heutzutage selten kennt.
Kaum kreuzen Sie bei irgend jemand auf,
da nimmt schon das Verhängnis seinen Lauf:
Sie lassen sich beim pausenlosen Sprechen
durch niemand und durch gar nichts unterbrechen,
wobei Sie eigene und andre Themen
ausschließlich ganz für sich in Anspruch nehmen:
Sie ganz allein sind Mittelpunkt — sofort,
und alle andern kommen kaum zu Wort.
Das ist für Ihre Partner oft bedrückend.
Doch andrerseits: Sie plaudern schon entzückend!
Das „Was" und „Wie" ist durchaus interessant
und hat auch sozusagen Fuß und Hand.
Sie wissen viel und haben viel gesehn;
Sie kennen diesen, und Sie kennen den;
Sie sind in solchen und in andren Fällen
unwiderstehlich — und nicht abzustellen.
Sie sollten des noch beßren Eindrucks wegen
eventuell mal dieses überlegen,
gelegentlich und zwischendurch zu schweigen,
wenn andre eine Rede-Absicht zeigen.
In diesem Sinn gibt's in der Tragetasche
die „Mach mal Pause"-Coca-Cola-Flasche!

Pensionierung ohne Schrecken

Ich erinnere mich noch heute an die Pensionierung unseres ersten Buchhalters: Große Abschiedsfeier, Reden, ein Karton Sekt. „Sie haben's geschafft!“ „Alles Gute!“ „Lassen Sie sich mal wieder sehen!“

Das tat der Pensionär nach ein paar Wochen auch. Inzwischen war die Verlagsanmeldung mit einer anderen Dame besetzt worden, und gleich hier erlebte der Besucher seine erste Enttäuschung: die Dame kannte ihn nicht. Aber das klärte sich schnell, und erwartungsvoll beschwingt steuerte der „Alte“ durch die langen Flure die Buchhaltung an. „Fein, daß Sie da sind! Wie geht's? Nehmen Sie doch Platz! Tasse Kaffee? Moment mal — Telefon . . . zu dumm, gleich ist Konferenz . . ., na, dann bis nachher!“ Der Gast trank nicht mal seinen Kaffee aus; er ging und ist nie wiedergekommen. Ich sah ihn später mal draußen ums Verlagsgebäude streichen: ziemlich langsam und ein bißchen gebeugt.

Warum ich diese Geschichte erzählt habe? Das hat zwei Gründe. Der erste Grund: Ich bitte die jüngeren Kolleginnen und Kollegen, alte Menschen nicht gleich abzuschreiben. Seien Sie nett zu ihnen — nicht nur am Tag der Pensionierung (ein Dutzend gereimte Glückwünsche zu solchem Anlaß finden Sie auf den nächsten Seiten. Sie enthalten Dank und Zuspruch. Beides ist wichtig!). Geben Sie den früheren Kollegen auch weiterhin das Gefühl, willkommen und nicht vergessen zu sein. Soviel Zeit müssen Sie haben.

Der zweite Grund ist noch wichtiger: Ich möchte den Pensionären ins Gewissen reden! Wer aus dem Berufsleben einzig und allein mit der Vorstellung ausscheidet: „Nun kann ich jeden Morgen ausschlafen!“, der hat nicht viel vom sogenannten Lebensabend, der — wenigstens statistisch gesehen — immer länger wird. Auf diese langen Jahre nach der Pensionierung muß man sich richtig vorbereiten. Damit kann man gar nicht früh genug beginnen. Also legen Sie sich rechtzeitig ein Hobby zu. Treten Sie einem Wanderklub bei; übernehmen Sie eine ehrenamtliche Beschäftigung in Ihrer Gemeinde; pachten Sie einen Schrebergarten; schaffen Sie sich ein Aquarium an — es gibt so vieles, was Ihnen als Pensionär Freude machen kann.

Genügen Ihnen diese Anregungen noch nicht, dann besorgen Sie sich das Buch „Von der goldenen Hälfte des Lebens“ von Frau Dr. med. Franziska Stengel (Amandus Verlag, Wien).

Die Autorin schreibt in der Einleitung:

„Dieses Buch ist langsam gewachsen, fast wie ein Baum — aus den Fragen einer ärztlichen und fürsorgerischen Praxis, aus dem Mitleben in einem Altersheim und aus dem Schoß einer großen Familie mit einer wunderbaren Großmutter, in derem Gedenken viele der folgenden Beiträge entstanden sind.“

Die WELT AM SONNTAG urteilt über dieses Buch: „Eins der tröstlichsten Bücher, die jemals erschienen sind, hat kein Dichter geschrieben, sondern eine Gerontologin (Anmerkung: Gerontologie = Wissenschaft vom Alter). Es ist eine Anleitung, fröhlich, mit Würde und in Gesundheit zu leben.“ In diesem Buch wird alles behandelt, was für einen älteren Menschen wichtig ist: Ernährung; Pflege des Körpers, der Seele und des Gemüts; das richtige Wohnen; vernünftige Kuren aller Art; Kontaktpflege und vieles andere mehr — anregend, ermutigend auf allen 360 Seiten.

Sie werden schon an der Lektüre sehr viel Freude haben, und wenn Sie noch dieses oder jenes in der praktischen Lebensführung für sich nutzen, können Sie sicher leichter und glücklicher in Ihrem Alter leben.

WEITERE GLÜCKWÜNSCHE IM RAHMEN DES BERUFSLEBENS

j) Glückwünsche zur Pensionierung

Nach vielen Tätigkeits-Jahrzehnten
tritt das an Sie heran und ein,
wonach Sie sich schon lange sehnten:
Ein völlig freier Mensch zu sein!
Für Sie ist das gewiß nicht schmerzlich
(was man durchaus verstehen kann).
Wir gratulieren wirklich herzlich:
Jetzt fängt ein neues Leben an!

*

Viele Jahre treu geschuftet habend
gehn Sie — was man gerne gönnen mag —
in den sogenannten Lebensabend.
oder besser: Lebensnachmittag.
Ach, wie werden Sie die Zeit genießen
im besonderen und allgemein!
Und wir wollen diese Zeilen schließen
mit dem Wunsch: Sie sollen glücklich sein!

*

Sie haben mehr als Ihre Pflicht getan.
Nun fängt in Ruhe — das ist sehr viel wert! —
für Sie ein völlig neues Leben an:
Besteigen Sie getrost Ihr Steckenpferd,
und reiten Sie auf diesem guten Stück
tatkräftig und zufrieden in Ihr Glück!

Ob die Ruhe, die Sie nunmehr pflegen,
wirklich eine Ruhe wird? Wer weiß!
Sicher werden Sie in Ihrem Kreis
sich mit neuem Einsatz tätig regen.

Wer Sie kennt, braucht nicht zu überlegen!
Witz, Verstand, Aktivität und Fleiß
legen Sie ganz sicher nicht auf Eis!
Jedermann bewundert Sie deswegen.

Die Gedanken, die wir für Sie hegen,
fahren einhellig auf diesem Gleis:
Herzlich wünschen alle nun: So sei's!
Dazu selbstverständlich: Glück und Segen!

*

Tätigsein, das war Ihr Element;
Leistung war Ihr Grundsatz und nicht Mache.
Daß man dies bewundernd anerkennt,
ist Notwendigkeit und Herzenssache.
Dank für vorbildliche Tüchtigkeit,
für Charakterfestigkeit und Haltung.
Unser Wunsch: Noch eine lange Zeit,
reich an menschlich sinnvoller Gestaltung!

*

Wir danken Ihnen herzlich! Und Sie wissen,
wenn Sie der Dienst des Alltags nicht mehr plagt,
daß nun wir alle Sie rundum vermissen.
Das ist nicht einfach so dahingesagt!
Wir wünschen: Mög' es Ihnen wohlergehen
an jedem Tage und zu jeder Stund'.
Und lassen Sie sich bald mal wieder sehen! —
Viel Glück! Viel Freude! Bleiben Sie gesund!

Pflichterfüllung war Ihr ganzes Streben;
treulich haben Sie gewagt, gewägt.
So erfüllte sich ein reiches Leben,
das den Lohn schon in sich selber trägt.
Doch das Leben geht natürlich weiter;
neue Pflichten warten nun auf Sie.
Bleiben Sie gesund, aktiv und heiter!
Dank! Vergessen werden wir Sie nie!

*

Dank, daß Sie uns in soviel Jahren
ein prächtiger Kollege waren!
Nun heißt es, auseinandergehn.
Wir hoffen auf ein Wiedersehn
und wünschen Ihnen kurz und gut
Gesundheit, Glück und Lebensmut!

*

Hier tätig sind Sie nun zum letzten Mal.
Wir finden das für Sie ganz ideal.
Wenn Sie auch ungern Ihren Platz aufgeben:
Für Sie beginnt ein neues, schönes Leben!
In aller Freiheit können Sie ja nun
all das, was Sie bisher nicht konnten, tun!
Bloß keine Angst vor Leerlauf! Irgendwo
gibt's neue Tätigkeiten sowieso:
Das reicht vom Markensammeln bis zum Schreiben;
vom Zeitunglesen bis zum Frühsport-treiben;
von Bastelarbeit bis zum Schrebergarten.
Erstaunlich, wieviel Chancen auf Sie warten!
Tun Sie, was Sie erfreut, doch nicht beschwert;
dann sind Sie wirklich sehr beneidenswert.
Und dazu wünschen wir viel Spaß und Schwung.
Wer sich etwas zu schaffen macht, bleibt jung!

So mancher gratulierte heute schon
zur wirklich wohlverdienten Pension.
Wir tun es auch: Was Sie dank Ihrer Gaben
erfolgreich im Beruf geleistet haben,
wird sicher — das wird jeder unterschreiben! —
für alle unvergeßlich sein und bleiben.
Auch wenn Sie ungern scheiden, ist dies klar:
Vor Ihnen liegt so manches schöne Jahr,
um endlich nun in einem freien Rahmen
dem nachzugehn, wozu Sie noch nicht kamen:
Ein hübsches Hobby für so manche Stunden
wird zum Vergnügen leicht und schnell gefunden.
Sie sitzen nicht mehr wie auf heißen Kohlen;
Sie haben Zeit, so vieles nachzuholen!
Vor Leerlauf brauchen S i e doch nicht zu bangen!
Wie herrlich ist es, Neues anzufangen,
das man (die Zeit war knapp) bisher versäumte.
Nun kann sich das erfülln, was man erträumte:
Briefmarken sammeln; Patiencen legen;
spazierengehen; die Gesundheit pflegen;
politisch wirken; nach Mallorca fahren;
womöglich schreiben Sie jetzt Memoiren?
Kurzum: Es gibt so vieles auf der Welt,
was einen Pensionär gesund erhält;
was ihn mit Sinn und mit Verstand beschäftigt
und was ihn lebens-optimistisch kräftigt.
Genießen Sie die Zeit in vollen Zügen!
Wir wünschen dazu herzlich: Viel Vergnügen!

EIN KAPITEL ÜBER AUTOS UND AUTOFAHRER

Frohe Fahrt!

„Herzlichen Glückwunsch!“ sagte der Verkäufer zu mir, „dies ist Ihr neues Auto.“ Er deutete, freundlich lächelnd, mit dem Zeigefinger auf das Fahrzeug, vor dem er stand. Es hob sich von den übrigen 33 Fahrzeugen derselben Gattung, die hier herumstanden, über alle Maßen vorteilhaft ab. Welch ein Auto! Ein Prachtstück! Ich war begeistert. Hatte es doch immerhin 45 PS unter der Haube. Das würde mir schon den nötigen Respekt im Straßenverkehr verschaffen. Das sagte auch der Verkäufer. Danach habe ich mir noch schnell von der übrigen Verkaufsmannschaft glaubwürdig versichern lassen, daß es sich bei meinem Prachtwagen um das schönste Stück handelt, das sie in diesem Jahr verkauft hatten. Es war der 2. Januar, vormittags, 8.30 Uhr.

So mit Komplimenten reichlich eingedeckt, fuhr ich froh und heiter aus der Werkshalle, um mich in den munter fließenden Verkehr einzufädeln. Ich mußte auf die andere Straßenseite. Aber das ist für einen ausgezeichneten Fahrer wie mich natürlich kein Problem. Bereits nach einer dreiviertel Stunde hatte ich es geschafft. Andere hätten dazu bestimmt länger gebraucht.

Am nächsten Zebrastreifen hielt ich an und machte eine höfliche Handbewegung zu einer netten jungen Dame, die offensichtlich die Straße überqueren wollte. Das nahm mir mein Hintermann übel. Er mußte, da er meine Halteabsichten zu spät erkannte, hart in die Bremsen steigen, daß sie quietschten. Und nun fuchtelte er empört und wild mit den Armen herum. Auf der linken Fahrspur rauschte der Verkehr zügig weiter. Und auf der Gegenfahrbahn machte auch niemand Anstalten zu halten. Die nette junge Dame tippelte vor meinem schönen neuen Auto herum. Jemand hupte. Meinem Hintermann schwollen die Adern an den Schläfen. Die nette junge Dame sprang erschrocken auf den Bürgersteig zurück. Etwas verdrossen fuhr ich weiter.

Nur nicht aufregen, sagte ich mir, jetzt erst einmal eine Zigarette, zur Beruhigung, dann das Radio an. Das nächste Mal überlege ich es mir dreimal, bevor ich halte, beruhigte ich mich weiter, am Ende knallt mir einer von diesen Anfängern gleich am ersten Tag in mein schönes neues Auto.

Das Radio klingt ausgezeichnet, stellte ich erfreut fest. „Meine Damen und Herren", dröhnte es aus dem Lautsprecher, „es folgt eine wichtige Verkehrsdurchsage: Auf der Autobahn Hannover—Hamburg fährt mit hoher Geschwindigkeit ein Pkw auf der falschen Fahrbahnseite. Alle Autofahrer, die in Richtung Hannover fahren, werden dringend aufgefordert, ihre Geschwindigkeit zu drosseln und unbedingt auf der rechten Fahrspur zu bleiben. Es besteht höchste Unfallgefahr!" — Höchste Unfallgefahr! — Höchste Unfallgefahr, hallte es in mir nach.

Gütiger Himmel, das ist ja allerhand!, schoß es mir durch den Kopf, und meine Nackenhaare sträubten sich. Ich versuchte mir gerade vorzustellen, was diese Träne von Fahrer — aber nein, das konnte natürlich nur eine Frau sein! — alles anrichten konnte, da krachte es. Direkt vor mir. Quietsch! Rums! Da standen sie, mitten auf der Kreuzung. Und beinahe wäre ich mit meinem schönen neuen Auto auch noch hineingebrummt. So ein Mist! Wie konnte das passieren! Aha, die Ampel war ausgefallen.

Haben Sie einmal erlebt, was Autofahrer alles anstellen, wenn eine gewohnte Ampel ausfällt? Sie reagieren wie verstörte Kleinkinder, die auf einem verwirrenden Rummelplatz die Mutter aus den Augen verloren haben. Sie, verehrter Leser, und ich natürlich ausgenommen. Aber alle anderen . . .

Erst einmal kam der Verkehr vollständig zum Erliegen. Oh ja, man hätte schon vorbeifahren können, vorsichtig natürlich, aber immerhin. Doch niemand versuchte es. Sollte ich etwa den Anfang machen, ich, mit meinem schönen neuen Auto? Und eine Karambolage riskieren? Lieber nicht! Sollten doch die anderen ihre Karosserien hinhalten! Aber die dachten offenbar auch nicht daran. Keiner fuhr weiter. Einige stiegen aus und besahen sich den Schaden, gaben kluge Kommentare und gestikulierten mit ihren Armen mal in diese, mal in jene Richtung, so als ob sie die anderen vorbeilotsen wollten. Das machte die allgemeine Verwirrung nur noch größer.

Mittlerweile hatte sich ein Schwarm von einigen hundert Passanten hinzugesellt. Das Chaos war vollkommen. Aber nach etwa einer Stunde hatte die, wie immer zu spät, herbeigeeilte Polizei die Sache einigermaßen im Griff.

Ich weiß nicht, wie die anderen Autofahrer empfanden, aber mein Bedarf war für heute gedeckt. Auf der letzten Teilstrecke zu meinem Büro wollte sich die Freude über mein schönes neues Auto nicht mehr so recht einstellen. Zumal nicht nach der unglaublichen Rüpelei dieses Lastwagenfahrers. Während ich ihn gerade links überholte, schwenkte dieser Tölpel von Fahrer seinen Koloß von Wagen, mit dem er nach rechts abbiegen wollte, zunächst immer weiter nach links, so daß auch ich immer weiter nach links ausweichen mußte, mich schon mit der linken Wagenhälfte auf der Gegenfahrbahn befand und nur um Haaresbreite einem Frontalzusammenstoß entging.

Ich war restlos bedient. Glauben Sie, von den mir entgegenkommenden Wagen hätte einer seine Geschwindigkeit vermindert? Wo glauben Sie hin! Geblinkt und gehupt haben sie! Und wenn ich mich nicht irre, habe ich mindestens acht deutsche Autofahrergrüße entgegengenommen. Sie wissen doch: Tick, tick, tick, dreimal an die Stirn. Dagegen war der verstockte Bursche, der einige hundert Meter weiter, mitten auf der Fahrbahn, einfach anhielt und nach einer Parklücke spähte, obwohl weit und breit keine zu sehen war, direkt harmlos. Gefährlich wurde diese Situation nur dadurch, daß ich zu nah aufgefahren war, weil ich unbedingt den Schriftzug lesen wollte, den er am Heck seines Wagens aufgeklebt hatte. Er lautete: Bitte Abstand halten! So ein Spaßvogel!

Kurze Zeit später allerdings schwitze ich wieder Blut und Wasser. Irgend so ein Debütant von Autofahrer, der am rechten Straßenrand parkte, knallte doch tatsächlich seine Tür weit auf, stieg auch noch unbekümmert aus und stellte sich vor die offene Tür, wie um sie zu schützen. Beinahe hätte ich ihn mitsamt seiner Tür glatt wegrasiert. Kein Zweifel: Der Mann mußte ein Selbstmörder sein.

Allmählich wurde ich wütend. Konnte außer mir denn wirklich niemand autofahren? Ich schimpfte und fluchte vor mich hin und bog aufs äußerste gereizt nach rechts ab in die Straße, in der sich mein Büro befindet. Von rechts nahte ein Radfahrer, der die Straße überqueren wollte, in die ich gerade einbog. Woher kam der so plötzlich? Wie aus dem Nichts war er aufgetaucht, prallte mit seinem Vorderrad an den rechten Kotflügel meines Autos und landete, nach verwegenem Flug, bäuchlings auf der Motorhaube meines schönen neuen Autos. Und da blieb er liegen. Schreckensbleich, mit zitternden Knien stieg ich aus. Jetzt mußte ich mir Luft machen! „Dummer Lümmel!“ brüllte ich ihn an — es war ein etwa fünfzehnjähriger Knabe, der verstört zu mir aufsah —, „hast du keine Augen im Kopf? Und was suchst du überhaupt auf meiner Motorhaube?“ Der „dumme Lümmel“ war genauso erschrocken wie ich und ebenso heilfroh, daß nichts weiter passiert war. Er rappelte sich hoch und entfernte sich unter etlichen Entschuldigungen für meinen Fehler.

Alles hat einmal ein Ende. Auch einen Parkplatz habe ich schließlich noch gefunden, nachdem bereits ein anderer seinen schmucklosen und uralten Kasten, der mindestens schon zwei Wochen auf dem Buckel haben mußte, den von mir gemieteten und bezahlten Parkplatz besetzt hatte. Mein Entschluß stand fest: Ich fahre nie mehr Auto!

Erschöpft, schweißnaß, niedergeschlagen und erbittert traf ich am späten Nachmittag in meinem Büro ein. Auf meinem Schreibtisch stand ein prächtiger Blumenstrauß und eine mit vielen Unterschriften versehene Karte lag daneben. Darauf prangte in großen goldenen Buchstaben: Herzlichen Glückwunsch zum neuen Auto!

Meine überaus reizende Kollegin brachte mir eine frisch gekochte Tasse Kaffee. Die Gute. Ich begann bereits zu überlegen, wie ich es anstellen könnte, sie einzuladen: zu einer gemütlichen Spazierfahrt mit meinem schönen neuen Auto.

*

Um Mißverständnissen vorzubeugen: Was Sie eben gelesen haben, ist eine Geschichte, wenn auch keine ganz frei erfundene. Es hätte alles durchaus so geschehen können. Natürlich kommt diese Häufung böser Verkehrssituationen bei einer einzigen Fahrt selten vor. Die Vorfälle selbst aber gibt es alle. Sie ereignen sich täglich, stündlich, ja in jeder Minute, irgendwo, auch in Ihrer Stadt. Und meistens verlaufen sie weit weniger glimpflich als in der Erzählung.

Jeder Mensch hat bestimmte Charaktermerkmale. Beim Autofahren zeigt er sie. Da gibt es zum Beispiel die sogenannten Blindfahrer (Leute, deren Autoscheiben so verschmutzt oder beschlagen sind, daß sie buchstäblich gar nichts sehen können).

Es gibt die lästigen Bummler, die notorischen Linksfahrer,

die sorglosen Raser und die eleganten Wedler, die pausenlos die Fahrbahn wechseln, hin und her, hin und her.

Es gibt die Dauerquaßler, Männer wie Frauen, die mit Händen und Füßen pausenlos auf den Beifahrer einreden, während ihr Wagen, wie von göttlicher Fügung gelenkt, allein seinen Weg sucht.

Auch die sogenannten Klammeraffen sind sehr beliebte Erscheinungen im Straßenbild, Leute, die ihr Steuerrad umklammern wie ein Ertrinkender seinen Rettungsring. Oder die Freihandfahrer, die ihre Hände überall haben, am Fensterrahmen, auf der Sitzlehne oder dem Knie der Beifahrerin — nur nicht am Steuerrad.

Sie alle und noch weit schlimmere Typen fahren auf unseren Straßen. Irgendwie. Frohe Fahrt!

Auf unseren Straßen herrschen neben Verstopfung der Leichtsinn und die Dummheit, Rücksichtslosigkeit und Aggression. Von der berühmten guten Kinderstube ist bei einigen Autofahrern überhaupt nichts mehr zu spüren. Und wenn Sie mich fragen: sehr viele Autofahrer hätten ihren Führerschein niemals bekommen dürfen, andere hätten ihn längst abgeben müssen. Für den Fall, daß Sie so einen Kandidaten kennen, sind die etwas kritischen Verse in dem nun folgenden Kapitel gedacht.

Gute Fahrt!

„Mein Auto!“ Bürgeraugen strahlen heller;
das Herz lacht herzlich, und der Puls schlägt schneller!
So wundert's nicht — und das wird nicht bestritten:
ein Kraftfahrzeug kommt fast auf jeden dritten.
Und wer eins hat (ab Werk; aus zweiter Hand),
der kariolt damit durch Stadt und Land;
bremst vor der Ampel; startet mit Gefühl
ins Straßenwirrwarr und Verkehrsgewühl;
gibt (den Motor mal vorne, mal im Heck)
acht oder nicht acht auf den Leberfleck;
fährt drunter, drüber: Tunnels, Viadukte;
freut sich der Kilometer, die er schluckte,
schimpft auf die Umwelt, ziemlich allgemein,
und fädelt aggressiv sich aus und ein.
Am Wochenende aber wird der Wagen
verwöhnt wie eine Diva sozusagen:
er wird poliert, gewaschen — ganz intim;
er wird gestreichelt, und man spricht mit ihm,
obwohl doch eine Antwort nie erfolgt.
Aus den vier Reifen wird der Sand gepolkt,
bis dann der Freund, die Freundin strahlend funkelt.
Ein wenig nur wird dieses Bild verdunkelt:
Bei uns gehn jährlich — das ist kein Idyll! —
einskommaeinsmillionen auf den Müll.
Das ist kein Grund, sein Auto nicht zu lieben;
doch „liebstes Kind“ — das scheint mir übertrieben.
Das Auto ist, auch wenn man es verklärt,
nie ein Gefährte, sondern ein Gefährt!
Damit die deutliche Moral nicht fehle:
Selbst schöne Autos haben keine Seele.

Verse zum neuen „Fahrbaren Untersatz"

a) Glückwünsche zum neuen Auto

Zum neuen Auto: Guten Start!
Fahr flott, doch nicht zu kühn!
Ich wünsche immer gute Fahrt,
und möglichst immer „GRÜN"!

*

Zu dem neuen guten Stück
gratuliere ich. Viel Glück!
Gutes, defensives Fahren
wird vor Schaden Sie bewahren!

*

Ein neuer Wagen! Das ist ja enorm!
Du bist mit Recht darüber stolz und froh.
Der Wagen, hoffe ich, behält die Form;
ich hoffe: Du am Steuer ebenso!

*

Zum neuen „Untersatz" wird gratuliert!
Nun fahren Sie gekonnt und flott von dannen.
Ich wünsche jedem, der motorisiert,
daß ihm auf seinen Fahrten nichts passiert.
Ich wünsche gute Fahrt! Und keine Pannen!

Das Fahren sei stets ein Genuß,
doch kein verwegnes Flitzen.
Es möge Sankt Christophorus
stets mit am Steuer sitzen!

*

Ich wünsche Fahrerglück in allen Jahren!
Vernunft gehört dazu; sonst wird es teuer.
Klar: Autos werden mit Benzin gefahren,
doch keinesfalls mit Alkohol am Steuer!

*

Solch Autokauf war lange schon Dein Wille;
es gratuliert zu dem Gefährt der Reimer.
Ob nun zu Hause, ob in der Destille:
Zurückhaltung ist besser! Bei Promille
sind Führerschein und Schlitten glatt im Eimer!

*

Viel Freude an dem neuen Wagen!
Er soll — das ist mein Wunsch dabei —
im Alltag und an Feiertagen
Sie stets zu hübschen Zielen tragen:
Vernünftig, achtsam, pannenfrei!

*

Vom neuen Auto sind Sie ganz begeistert.
Ich wünsche Glück! Und dies ist einwandfrei:
Wer sicher fährt und seinen Wagen meistert,
der kommt nicht in die Flensburger Kartei!

Zum neuen Auto gratulier' ich sehr!
Ich wünsche Glück im Stadt- und Land-Verkehr.
Dazu gehört, so mein' ich ganz bescheiden,
grundsätzlich Leichtsinns-Fehler zu vermeiden:
Man sollt' es sich und anderen ersparen,
auf Autobahnen stur stets links zu fahren;
man halte Abstand zu dem Vordermann;
gefährlich wird's, fährt man zu dicht heran!
Auch hierin sei man vorbildlich und zünftig:
Man blinke niemals hektisch; stets vernünftig!
Und Alkohol am Steuer? Lieber nicht!
Mit diesen Wünschen endet mein Gedicht.

*

Ich gratuliere zu dem neuen Wagen!
Viel Fahrerglück mit ihm an allen Tagen!
Und außerdem hab' ich noch eine Bitte:
Man pflege unterwegs nicht jene Sitte,
die — ob's nun in der Stadt, ob's auf dem Land ist —
als „Deutscher Autofahrergruß" bekannt ist:
Der Finger-Tip — gekonnt dank langem Üben —
bedeutet dieses: „Jener Mensch dort drüben
hat sicher einen Vogel!" In der Regel
benimmt sich dann der andre auch als Flegel.
So geht es hin und her und führt zu nichts
als höchstens vor die Schranken des Gerichts.
Vermeidet solche Ungezogenheiten!
Seid höflich-sachlich, statt herumzustreiten!
Wer sich benehmen kann — das wissen wir —
bleibt auch am Steuer immer Kavalier!

Ich wünsche herzlich: Fahre wohl,
statt blindlings loszujagen!
Den Leichtsinn und den Alkohol
laß nie in Deinen Wagen!

*

Zum neuen Wagen gratulier' ich sehr!
Benimm Dich vorschriftsmäßig im Verkehr;
fahr mit Verstand, mit Rücksicht und mit Glück;
und komm von jeder Fahrt gesund zurück!

*

Fahre vorsichtig, doch nicht zu schüchtern;
die Verantwortung ist immer groß.
Fahre defensiv und immer nüchtern;
sonst bist Du den Führerschein bald los!

b) Warnungen an ältere Autofahrer

Man weiß, Sie sind ein ziemlich schneller Schalter.
Nun fasziniert Sie noch der Führerschein!
Ich frage mich: Soll man in Ihrem Alter
denn unbedingt noch so verwegen sein?

Der Umgang mit dem Auto kostet Nerven;
verwirrend, voll Gefahr ist der Verkehr.
Sich bloß aus Ehrgeiz da hineinzuwerfen
ist schwierig; denn man meistert das nicht mehr!

Mit meinem Rat möcht' ich Sie nicht verletzen.
Es ist nur so: Wenn Sie sich irgendwie
zum ersten Male jetzt ans Steuer setzen,
dann zitt're ich; dann hab' ich Angst um Sie!

Sie zählen ganz gewiß zu jenen „Alten",
die wir verehren. Ja, so ist es doch!
Wir möchten Sie recht lange Zeit behalten! —
Und Taxis gibt es schließlich noch und noch!

*

Ich möchte mir nicht Ihre Gunst verscherzen;
doch andrerseits bewegt mich wirklich eins:
Verzichten Sie — ich bitte Sie von Herzen! —
auf die Erlangung eines Führerscheins!

Ob Sie sich drob ganz eingeschnappt gebärden?
Ich hoffe nicht; ich meine es doch gut!
Sie werden sich und andere gefährden —
noch mehr, als es ein junger Fahrer tut.

Sie sagten neulich einmal so beiläufig:
„Der erste Führerschein, der reizt mich nun!“
Ich dachte daran grade jetzt sehr häufig,
und herzlich bitt’ ich Sie, es nicht zu tun!

Verzeihn Sie, daß ich mich in etwas mische,
was Ihre Sache ist. — Klar ist auch dies,
daß Ihre körperliche, geist’ge Frische
noch nie etwas zu wünschen übrig ließ.

Trotzdem: Wer sich mit 65 Jahren
zum ersten Male hinters Steuer schwingt,
der merkt in Bälde schon, daß ihm beim Fahren
nicht alles leicht, korrekt und schnell gelingt.

Das Kuppeln, Bremsen, Blinken, Wenden, Schalten:
Das macht nervös, weil’s an den Nerven frißt.
Es ist sehr schwer, mit jenen Schritt zu halten,
für die das Fahren längst Routine ist.

Sie haben doch genug erreicht im Leben;
Sie brauchen nicht aus Ehrgeiz oder Neid
nun noch mit einem Auto anzugeben!
Sie sind und haben doch Persönlichkeit!

Das Tempo und das Hetzen und das Hasten
sind, so besehn, für Sie doch nicht von Wert:
Das alles würde Sie doch nur belasten!
Wie tröstlich, wenn all das Sie nicht beschwert!

Ach, wenn Sie Ihren Auto-Traum begraben:
Sie glauben gar nicht, wie mir das gefiel!
Wir wollen doch noch was von Ihnen haben!
Sie sind auch ohne Auto so mobil!

c) Merksprüche für alte Autofahrer

Wenn Autofahrer alt und älter werden,
dann zeigen sich bei ihnen schon Beschwerden.

1. Bricht abendliche Dämmerung herein,
   stellt sich Unsicherheit im Sehen ein.
2. Wird der Verkehr durch Schilder umgeleitet,
   wird man nervös — auch wenn man es bestreitet.
3. Wer selbst nicht einwandfrei fährt, schiebt im Nu
   die Schuld daran den anderen Fahrern zu.

Wer seine Schwächen kennt, soll sie bedenken
und also vorsichtig sein Auto lenken.
Man soll auch, um sich Ärger zu ersparen,
nur dann, wenn der Verkehr gering ist, fahren.
Wer dies beherzigt und sich so benimmt,
dient seiner Umwelt und sich selbst. Bestimmt!

*

Zeit, den Führerschein zurückzugeben:
Du und andre — alle wollen leben!

*

Gib Deinen Führerschein zurück! Bedenk':
Du machst Dir selber damit ein Geschenk!

*

Im Alter möchtest Du ein Vorbild sein?
Verzichte bitte auf den Führerschein!

*

Gib, alter Herr, den Führerschein zurück!
Für Dich ist er ein mörderisches Stück!

*

Laß das Autofahren künftig!
Bleib' am Leben! Sei vernünftig!

Feste des Jahres

Als „Feste des Jahres“ bezeichnen wir jene Feiertage, die allgemeine Tradition sind und die man zum Anlaß für Grußkarten und Briefe nimmt. Unter diesen Voraussetzungen beschränkt sich die Zahl dieser Tage auf vier: Ostern, Muttertag, Weihnachten, Neujahr. Natürlich gibt es noch mehr Tage des Gedenkens: Pfingsten gehört dazu und ebenso Erntedanktag und Bußtag. Aber sie sind kaum ein Anlaß, Glückwünsche zu übermitteln. Allenfalls trifft das für den neuerdings mehr und mehr propagierten Valentinstag zu (14. Februar), der für Nettigkeiten aller Art vorgesehen ist.

Industrien, Staaten, weltanschauliche Gruppen und Verbände pflegen zusätzlich besondere Tage. Eine unvollständige Liste sieht so aus: Tag der offenen Tür, Tag der Arbeit, Tag des Baumes, Tag des Pferdes, Vatertag, Tag der Briefmarke usw. Meist legt man solche Tage auf Sonn- und Feiertage, weil sonst einfach zu viele Arbeitstage in Mitleidenschaft gezogen würden. Das sind berechtigte Sorgen, und die gab es früher auch schon. Ich habe da gerade ein Buch zur Hand, das unter dem Titel „Warum ist der Wohlstand der protestantischen Länder so gar viel größer als der der katholischen?“ im Jahre 1772 erschienen ist. Hier eine kleine Zitat-Probe: „Betrachte man einmal ein Land, das aus 30 000 Familien besteht. Rechne man, daß in demselben niemand etwas verdient als der Hausvater, in jedem Hause aber nur ein erwachsenes Kind, Geselle oder Knecht halb so viel wie der Hausvater, und die übrigen Hausgenossen alle nichts. Setze man den Verdienst des Hausvaters, einen in den anderen gerechnet, nur auf 20 Kreuzer und den Verdienst des Kindes, Gesellen oder Knechts nur auf 10 Kreuzer, so beträgt ein einziger Feiertag bei uns einen Schaden von 15 000 Gulden . . . Wenigstens haben wir nun 30 Feiertage mehr als die Protestanten; folglich haben wir dann einen zuverlässigen Schaden von 450 000 Gulden.“ Das ist eine ganze Menge!

Zurück zu Ostern, Muttertag, Weihnachten und Neujahr. Und zu jedem Fest ein paar Sätze:

Ostern — der Name lehnt sich an Ostara an, die von den alten Germanen als Göttin des erwachenden Naturlebens als Frühlingsgöttin verehrt wurde. Der Ostersonntag ist (seit dem Konzil von Nizäa, 325 n. Chr.) der erste Sonntag nach dem auf den Frühlingsanfang (21. März) folgenden Vollmond. Er liegt also zwischen dem 22. März und dem 25. April. Es gibt seit einiger Zeit weltweite Bestrebungen, Ostern auf einen bestimmten Tag des Jahres zu verlegen, etwa auf den zweiten Sonntag im April. Aber noch ist es nicht soweit.

Muttertag — das ist eine Erfindung unseres Jahrhunderts. Der Muttertag wird immer am zweiten Sonntag im Mai gefeiert. Der Tag geht auf Frau Anna Jarvis aus Philadelphia in den USA zurück, die erstmals 1905 am Todestag ihrer Mutter ein paar Freunde zur Erinnerungsfeier einlud und dabei den Vorschlag machte, einmal im Jahr der Mütter zu gedenken und ihnen einen Ehrentag zu widmen. Am 10. Mai 1913 beschloß der US-Kongreß, alljährlich den zweiten Sonntag im Mai als Muttertag zu begehen. Seit 1923 hat sich dieser Brauch auch in Deutschland durchgesetzt.

Weihnachten — nachweisbar erstmals am 25. Dezember 354 in Rom gefeiertes Fest der Geburt Christi. Das Datum fällt nicht zufällig in die Festzeit der alten heidnischen Wintersonnenwende. Man deutete die Wintersonnenwende auf das mit Christus anbrechende Weltenlicht. Das Wort „Weihnacht" stammt von dem mittelhochdeutschen Begriff „ze den wihen nahten" (zu den heiligen Nächten). — Die Tannenbaumsitte kam im 17. Jahrhundert auf. Den Text des Liedes „O Tannenbaum" schrieb August Zernack (1777—1827).

Neujahr — der festliche Jahresanfang — wurde im alten römischen Reich seit 153 n. Chr. am 1. Januar gefeiert. Der

Januar hat seinen Namen von dem römischen Gott Janus, dem Gott des Ein- und Ausgangs. Auf alten Abbildungen wird er mit zwei nach entgegengesetzten Seiten blickenden Gesichtern dargestellt. — Silvester (nach dem Papst Silvester I., 314—335) ist der letzte Tag im Jahr. — Wenn wir zu Neujahr „Prost“ oder „Prosit“ sagen, sprechen wir lateinisch: „Prosit“ heißt auf Deutsch: „Es möge nützen; wohl bekomm's!“

Feste, Feiern, Feiertage
werden manches Mal zur Plage

Bestimmte Feste im Verlauf des Jahres
sind selbstverständlich etwas Wunderbares:
Zusätzlich hat man ein paar Tage frei,
ob es nun Ostern oder Pfingsten sei;
zu Weihnachten gibt's überdies noch Gaben,
an denen wir so manche Freude haben.
Darüber geht — wir sagen's mit Erröten —
der eigentliche Festsinn meistens flöten:
Die Frühlingsgöttin wendet sich mit Grausen;
verkümmert ist des heil'gen Geistes Brausen;
das Licht der Welt kapituliert ganz glatt
vor Flitterfenstern und vor Kilowatt.
Auch andere Feste, brauch- und eigentümlich
wie Karneval, entwickeln sich nicht rühmlich.
War früher der Humor noch Herzenssache,
so wird er heute zur gequälten Mache:
Witzfabrikanten, die die Stimmung morden,
bekommen dafür immer neue Orden.
Weil niemand lacht, wenn so ein Blödmann witzelt,
wird durch den Tusch der Beifall wachgekitzelt.
Als Höhepunkt der Freude hält sich zäh
das textlich leichte „Humba tätärä"!
So schunkeln wir zu Hause und im Saale
ins Oberflächliche und ins Banale.
Wie soll man's ändern? Ach, man muß gestehn:
Die Räder lassen sich nicht rückwärts drehn;
schon gar nicht, wenn man's ernst und absolut
mit streng erhobenem Zeigefinger tut.
Nichts gegen Heiterkeit! — Wenn's Ihnen recht ist:
Nichts gegen jene Heiterkeit, die echt ist.

Glückwünsche zu Festen des Jahres

a) Ostergrüße

Herzlich will ich Euch (Dich) zu Ostern grüßen:
Frühlingssonne möge strahlend lachen,
und der Hase lege Euch (Dir) zu Füßen
lauter hübsche, angenehme Sachen.

*

Nun grünen schon die Büsche und der Rasen;
bald schwindet auch des Winters letzter Rest.
Ich hoffe, daß die munteren Osterhasen
Dich (Euch; Sie) nicht vergessen haben. Frohes Fest!

*

Alles Gute, alles Beste
gerade jetzt zum Osterfeste!
Möge es vor allen Dingen
Freude und Entspannung bringen!

*

Bunte Eier, Frühlingslüfte,
Sonnenschein und Bratendüfte,
heitrer Sinn und Festtagsfrieden:
Alles das sei Euch beschieden.

*

Mit dem Wunsch zur Osterfeier
soll sich dieser Wunsch verbinden:
Die versteckten bunten Eier
alle wiederum zu finden!

Ehrlich ist der Wunsch, den ich hier sage:
Lauter friedlich-schöne Ostertage!

*

Ob auswärts oder im Gebäude:
Das Osterfest sei voller Freude!

*

Frohes Fest! In diesem Sinn
schreib' ich meine Grüße hin:
Was die Osterhasen schafften,
möge jeder glatt verkraften!

*

Zu den Ostertagen wünsch' ich heut
ehrlich alles, was das Herz erfreut.

*

Recht frohes Fest! Und viel Vergnügen
an lauter schönen Ostertagen!
Genießt die Zeit in vollen Zügen!
Verderbt Euch bitte nicht den Magen!

*

Das Osterfest sei wundervoll!
Ich wünsche Glück auf allen Wegen.
Und meine besten Wünsche soll
das Osterhäschen dazu legen!

Das Osterfest steht vor der Tür.
Viel Spaß daran, darin, dafür!

*

Der Osterhas' — gepriesen sei er! —
legt wunderbare Ostereier.
Wir wünschen Euch — gern sei's gegönnt! —
soviel, wie Ihr vertragen könnt!

*

Mag die Sonne scheinen, mag es regnen:
Ostern liegt terminlich nun mal so.
Osterfreude möge Euch begegnen —
ob zu Hause oder anderswo.

*

Aus seiner Grabeseinsamkeit
ist Christus heute auferstanden:
Er rettet uns aus Teufelsbanden.
O gnadenvolle Osterzeit!

*

Gott gab uns seinen Sohn,
der immer bei uns steht.
Der Osterglocken Ton
ist wie ein Dank-Gebet:
Du hilfst uns aus Gefahr!
Wir stimmen fröhlich ein:
Gott, Du warst immerdar
und Du wirst ewig sein!

Wir wissen, daß der Hase höchstpersönlich
die Ostereier herzustellen pflegt.
Dies Ei ist aber anders als gewöhnlich,
denn dieses Kunstwerk habe ich gelegt.
Und dementsprechend möcht' ich es als Zeichen
der Freundschaft, der Verehrung überreichen.

*

Alle wissen: Jetzt im Lenz
kriegen Hühner Konkurrenz:
Hasen mühn sich weit und breit.
Doch betrachtet man den Segen,
den die Osterhasen legen,
dann tun uns die Hasen leid!

*

Ja, Faust begab sich österlich ins Grüne;
zu Fuß natürlich — das ist garantiert.
Heut sieht man das fast nur noch auf der Bühne;
der Mensch von heute ist motorisiert.
Wie dem gewesen ist und wie dem sei:
Genießt die Ostertage! Ei, Ei, Ei!

*

Welche Freude, welch Entzücken
bringt das unentwegte Bücken
nach versteckten Ostereiern!
So etwas gehört zum Feiern.
Außerdem sind solche Bräuche
höchst gesund für dicke Bäuche. —
Schönes Fest! Nutzt Eure Chance,
und verliert nicht die Balance!

Der Osterhase kann zur Zeit nicht ruhn,
denn er hat alle Pfoten voll zu tun.
Und dementsprechend liefert er im Trab
Euch unsere allerbesten Grüße ab.

*

Ostern bleibt Ihr ganz zu Haus?
Glückwunsch! Spannt mal richtig aus!

*

Ostern ist zwar noch nicht Mai.
Immerhin — paar Tage frei!
Mit dem Wunsch, sie zu genießen,
will ich diesen Gruß nun schließen.

*

Der Frühling hockt schon im Gesträuch
und überprüft die Wetterlage.
Wir grüßen! Und wir wünschen Euch
sehr herzlich: Frohe Ostertage!

*

Festtagswunsch zur Osterzeit:
Frühling, Sonne, Heiterkeit!

b) Grüße zum Muttertag

Du weißt, wie lieb ich Dich von jeher hab':
Du bist die Beste, die es jemals gab!

*

Liebe, Treue, Güte und Verstehen:
Dieses alles schenkst Du Jahr um Jahr.
Darum sollen heute zu Dir gehen
Dank, Verehrung — ganz unwandelbar.

*

Ich denke heut aus weiter Ferne
am Muttertage zu Dir hin.
Ich danke Dir mit Herz und Sinn
unwandelbar: Ich hab' Dich gerne!

*

Ich denke nicht nur heut' an Dich.
Nein: Alle Tage sind
so wie ein Muttertag für mich.
Ich bin ja doch Dein Kind!

*

Lass' am Muttertag mit allem Schönen
und mit Dank und Liebe Dich verwöhnen!

*

Deine Liebe kannte niemals Schranken;
ganz unwandelbar ist Deine Treue.
Lass' Dir, beste Mutter, heut' aufs neue
innig und von ganzem Herzen danken!

Nimm den schönsten Gruß von mir:
Was ich bin, das dank' ich Dir!

*

Weil Du die beste Mutter bist,
schenk' ich Dir Schokolade.
Und wenn Du sie alleine ißt,
dann finde ich es schade!

*

Zum Muttertage wünsch' ich Dir
viel Glück in Deinem Leben.
Und in der Schule will ich mir
auch sehr viel Mühe geben.

*

Liebe Mutter! Ja, an diesem Tage
wird mir in besonderer Weise klar,
was ich Dir verdanke. Und ich sage:
Liebste Mutter, Du bist wunderbar!

*

Genieße den Tag und spüre erfreut:
Gedanken der Liebe umgeben Dich heut'!

*

Ich bin noch klein, und sicherlich
kann ich noch längst nicht alles wissen.
Doch dieses weiß ich: Ohne Dich
wär' die Familie aufgeschmissen!
Für alles, was Du tust, hab' Dank!
Bleib' schön gesund! Und werd' nicht krank!

*

Dir danke ich soviel in meinem Leben:
Du bist die Beste, die es je gegeben!

Der Muttertag zählt zu den schönsten Tagen.
Sind's auch nur wenig Worte, die ich schrieb,
soll jede dieser Blumen herzlich sagen:
Ich danke Dir so sehr! Ich hab' Dich lieb!

*

Natürlich hoffe ich, daß dies Konfekt
zum Muttertage sehr erfreut — und schmeckt!
Die süße Gabe soll, auch wenn sie klein,
ein Zeichen meiner großen Liebe sein!

*

Leider kann ich heut nicht bei Dir sein;
dafür stellt der Blumengruß sich ein.
Liebe spricht aus ihm und Dankbarkeit:
Meine Beste bleibst Du allezeit!

*

Manche schimpfen lauthals und nach Kräften:
„Muttertag? Der dient nur den Geschäften!"
Aber mir ist — glaub' es mir, Du Gute! —
grade heute ehrlich so zumute:
Was an Dank und Liebe alle Tage
ich für Dich in meinem Herzen trage,
schreib' ich heut besonders herzlich hin.
Ja, Du weißt, wie dankbar ich Dir bin!

*

Du weißt, wie herzlich ich Dich mag;
dazu braucht's keinen Muttertag.
Lass' mich trotzdem Dir heute schreiben:
Dank, Liebe werden immer bleiben!

Kurz und bündig, ehrlich klar:
Mutter, Du bist wunderbar!

*

Du, beste Mutter, hast das Leben
so wunderbarlich mir geschenkt.
Du hast mir Halt und Trost gegeben
und stets mich liebevoll gelenkt.
Ich danke Dir! Des Schicksals Walten
mög' Dich mir lange noch erhalten!

*

Ohne falsche Schmuserei:
Gut, daß es Dich gibt!
Und an jedem Tage sei
rundherum geliebt!

*

Mit uns, beste Mutter,
ist alles „in Butter".
Zu Dir, meine Süße,
gehn Liebe, Dank, Grüße!

*

Liebe auf Befehl ist ziemlich gräßlich.
Lass' mich heute trotzdem dieses schreiben:
Du bist lieb, und Du bist unvergeßlich.
Ja, so ist es, und so soll es bleiben!

*

Lass' Dich heut mit allem Schönen
so, wie Du's verdienst, verwöhnen.
Und ich wünsch' Dir (nicht nur heut')
alles, was Dein Herz erfreut!

c) Weihnachtsgrüße

Ob so, ob so die Wetterlage:
Bei Tannenduft und Kerzenschein
mög' alles fröhlich, friedlich sein.
Ich wünsche schöne Feiertage!

*

Und trennen uns auch Grenzen, Schranken,
und können wir uns auch nicht sehn:
Es überwinden die Gedanken
die Hindernisse, die da stehn.
Wir grüßen Sie zur Weihnachtszeit
in herzlicher Verbundenheit!

*

Der Glanz der Weihnachtskerzen
erwärme alle Herzen:
Trost, Mut und Zuversicht!
Erlischt der Kerzen Schimmer,
so bleibt doch dieses immer:
Verlassen sind wir nicht!

*

Dies woll'n wir uns zum Feste schenken:
Mit Freude aneinander denken!
Jetzt ganz besonders liegt darin
ein großer Trost für Herz und Sinn.

*

Herzlich: Grüße zu den Weihnachtstagen!
Und verderbt Euch bitte nicht den Magen!

So möcht' ich den Gruß gestalten:
Weihnachtsglück sei Euch beschieden!
Über allem möge walten
Fröhlichkeit und heitrer Frieden.

*

Ob über oder unter Null,
ob's regnet oder schneit:
Besonders schön und „wonderful"
sei Eure Weihnachtszeit!

*

Nun ist es wieder mal soweit:
Es kommt der Weihnachtsmann.
Ich wünsche eine schöne Zeit
und recht viel Freude dran!

*

Es gibt so manchen, der vergißt,
daß Christus heut geboren ist.
Oh, laßt uns doch in dem Geschehn
den wahren Sinn des Festes sehn!

*

Wir werden schon seit vielen Wochen
reklamemäßig angesprochen:
An Werbung bleibt uns nichts erspart.
Wie schön, wenn jemand im Gewühle
sich die natürlichen Gefühle
für das, was wesentlich, bewahrt!

Weihnachtszauber, Spannung, Kindertrubel!
Ja, Ihr stimmt (was man Euch gönnen kann)
„O du fröhliche . . .“ mit lautem Jubel
und mit wirklich echter Freude an.
Möge jeder Festtag, so besehn,
unterm Motto dieses Liedes stehn!

*

Weihnacht: Tage heller Kerzen
und der Kinderseligkeit!
Und so wünschen wir von Herzen
eine strahlend-schöne Zeit!

*

Viele Grüße muß man schreiben;
das wird beinah eine Plage.
Drum wird's bei zwei Worten bleiben:
Wunderschöne Weihnachtstage!

*

Tempo! Diesmal muß genügen:
Frohes Fest! Und viel Vergnügen!

*

Fichten, Lametta, Geheimnisse, Lichter,
Bratäpfelduft und frohe Gesichter,
Freude am Schenken — das Herz wird so weit:
Schöne, beglückende Weihnachtszeit!

*

Verwundrung, was hier für ein Päckchen erscheint?
Nicht viel, aber herzlich — und gut gemeint!

Um Dich (Sie; Euch) zu überraschen:
Ist hier drin was zum Naschen?
Zum Lesen oder Knabbern?
Was Flüssiges zum Schlabbern?
Zum Spielen oder Rauchen?
Kann man es sonstwie brauchen?
Drum ausgepackt behende;
dann hat die Angst ein Ende.
Ich hoff', es wird erfreuen;
sonst könnte es mich reuen.
Na, ist es bald soweit?
Recht schöne Weihnachtszeit!

*

Weihnacht ist die Zeit des Schenkens
und des Aneinander-Denkens.
Zwar: Kein Auto und kein Nerz.
Aber: Ein Geschenk mit Herz!

*

Alles, was hier eingekastelt,
habe ich allein (nicht selbst) gebastelt.
Möge allem doch gelingen,
Weihnachtsfreude mitzubringen!

*

Der Weihnachtsmann, der Nikolaus
bracht' selber dies Paket ins Haus.
Für wen es dasteht oder liegt?
Es steht ja deutlich drauf, wer's kriegt!

Weihnachtsgruß aus weiter Ferne.
Aber tröstlich ist dies Wort:
Ja, dieselben hohen Sterne
leuchten uns — so hier wie dort.
Sehnsucht wird die Brücke schlagen
übern Strom und übers Land.
So sind wir in diesen Tagen
dicht beisammen — Hand in Hand.

*

Harmonie, Glück, Freude, Ruhe,
Stimmung (ohne viel Getue),
Herzenswärme, Lichterglanz,
Karpfen, Puter oder Gans
(nicht zu fett und nicht zu schwer):
All dies wünsche ich Euch sehr!

*

Zum Briefe langt's nicht; das ist mir sehr schmerzlich.
Mein Weihnachtsgruß ist kurz, doch wirklich herzlich!

*

Ganz kurz und in Eile — na, wie das so geht.
Doch viel ist's, was zwischen den Zeilen hier steht!

*

Ich hatte mir dies ernsthaft vorgenommen:
Zum Weihnachtsfest schreib' ich diesmal ausführlich.
Wie das so ist: Mir ist zum Schluß natürlich
verschiedenes direkt verquer gekommen.
Doch die sechs Zeilen dieses Festgedichts
sind — ehrlich, herzlich — besser noch als nichts!

d) Neujahrsgrüße

Prosit! Und laßt hell die Gläser klingen:
Alles mög' im neuen Jahr gelingen!

*

Das ist in jedem Jahr das gleiche Lied:
Ein neues Jahr erscheint; das alte endet.
Ich hoffe sehr, daß alles, was geschieht,
für Dich sich immer nur zum Guten wendet!

*

Zu Neujahr wünscht man gern und allgemein:
Mit Optimismus und mit Schwung — hinein!

*

Wissen möcht' man unbedingt,
was das neue Jahr uns bringt.
Wart' ein bißchen! Hinterher
weißt Du mit Bestimmtheit mehr.
Hoffentlich erfüllt das Jahr
jeden Wunsch, der wichtig war!

*

Das neue Jahr, noch ziemlich klein,
steht vor der Tür und will herein
beziehungsweise ist schon drin.
Reich' ihm die Hand zum Gruße hin!
Wenn Du Dich mühst, bringt es für Dich
viel Glück ins Haus. Das hoffe ich!

*

Mein Neujahrswunsch soll diesmal sein:
Gesundheit, Geld, Erfolg — und Schwein!

Alles Gute, liebe Leute!
Prost Neujahr! Und fette Beute!

*

Was man sich vom neuen Jahr verspricht,
dieses hält es — oder hält es nicht.
Besser wird es darum jenen gehn,
die aktiv auf ihrem Posten stehn!

*

Ich wünsche Dir ein Borstenvieh, ein fettes;
denn Schwein zu haben, das ist etwas Nettes!
Ich wünsche Dir ein Borstenvieh, ein kleines;
denn Schwein zu haben, das ist etwas Feines!
Ich wünsche Dir ein Borstenvieh, ein dickes;
denn Schwein zu haben, das ist etwas Schickes!
Ich wünsche Dir ein Borstenvieh, ein rundes;
denn Schwein zu haben, das ist was Gesundes!
und so weiter ...

*

Prost Neujahr! Glück in jeder Richtung
wünscht diese sehr bemühte Dichtung.

*

„Was bringt das neue Jahr?" denkt unsereiner.
Was hilft das Fragen? Wissen kann doch keiner,
ob unsre Chancen groß sind oder klein.
Was man draus macht, das wird entscheidend sein!
Von selber geht nicht immer alles klar. —
In diesem Sinne herzlich: Prost Neujahr!

*

Gesundheit, Glück, Erfolg und Frieden
sei Euch im neuen Jahr beschieden!

Um 12 Uhr nachts geht mancher mal in sich
und faßt den edlen Plan: „Ich beßre mich!“
Was man sich vornimmt, das wird dann nur gut,
wenn man es konsequent und wirklich t u t !
Den Rat kann ich Dir eigentlich ersparen;
Du besserst Dich ja laufend schon seit Jahren!

*

Prost Neujahr! Die Raketen steigen!
Mög' sich das Neu-Jahr friedlich zeigen!

*

Die Tür zum neuen Jahr steht offen.
Hinein! Und es gibt kein Zurück.
Was birgt das Jahr? Wir wollen hoffen:
Zufriedenheit, Erfolg und Glück!

*

Man hofft in allen Ländern
auf eine beßre Zeit.
Doch wenn wir u n s nicht ändern,
dann kommt es nicht soweit.
Wir sollten uns besinnen,
auch wenn's uns nicht behagt.
Bei mir muß ich beginnen!
Doch das ist leicht gesagt . . .

*

Das neue Jahr — Prosit Neujahr! —
sei besser, als das alte war!

*

Kurz aber herzlich ist der Reim:
Viel Glück beruflich und daheim!

Mein Neujahrswunsch ist kurz und knapp:
An Glück nimm zu, an Sorgen ab!

*

Die Zeit geht vorwärts Schritt für Schritt
so, wie es immer war.
Wer klug ist, der geht tüchtig mit.
Viel Glück im neuen Jahr!

*

Wenn wir am Jahresanfang stehen,
gibt dies uns neuen Mut:
Mit Gott wird alles bessergehen;
mit Gott wird alles gut.

*

Zum neuen Jahr in jedem Falle
viel Glück für Dich — und für Euch alle!

*

Das alte Jahr ist futsch.
Ins neue: Guten Rutsch!

*

Das neue Jahr bringt, wie ich klug vermute,
teils Ernst, teils Spaß; teils Arbeit und teils Feste.
Ich wünsche dazu herzlich alles Gute!
Ich wünsche dazu herzlich alles Beste!

*

Herzlich: Alles, was das Herz begehrt,
sei im neuen Jahre Dir beschert!

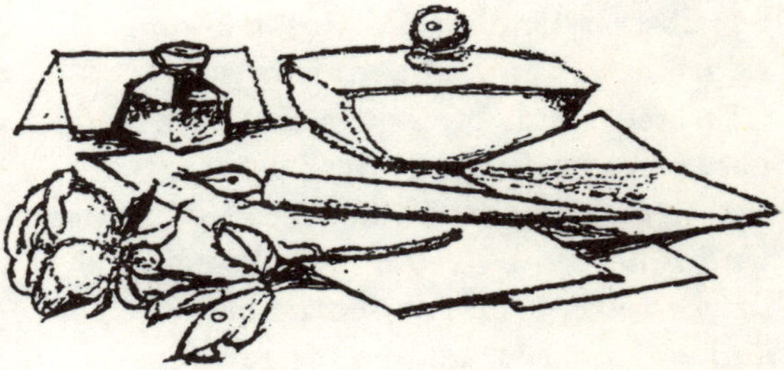

Einladungen, Einweihungen und
andere Gelegenheiten,
mit Versen zu erfreuen

. . . beehren uns, Sie einzuladen

Geht die Geselligkeit tatsächlich baden?
Man wird nicht mehr so häufig eingeladen,
seitdem das Fernsehn uns in Land und Stadt
durchaus programmgemäß beim Wickel hat.
Damit ich Wesentliches nicht vergess':
Hinzu kommt die Belastung durch den Streß!
Und schlecht für abendliche Arrangierung
ist selbstverständlich die Motorisierung.
Es grübeln Fahrer als auch Fahrerin:
„Wo stell' ich da bloß meinen Wagen hin?"
Berechtigt ist die Frage, sind die Ängste.
„Da muß doch eine Lücke frei sein!" Denkste!
Und außerdem: Wer fahren soll und muß,
ist vorsichtig beim Alkoholgenuß,
und dieses wiederum ist ganz gewiß
für Ausgelassenheit ein Hindernis.
So macht man sich erst gar nicht auf die Socken.
Man bleibt zu Haus und vor der Röhre hocken
und konzentriert sich völlig ungezwungen
auf leichte Mädchen und auf schwere Jungen;
denkt bei dem Nachwuchsstar mit leichtem Grimme:
Der hat ein Mikrofon statt einer Stimme,
und fragt, warum der wippt und sich verdreht
zu Texten, die er selber nicht versteht. —
So brauchte es natürlich nicht zu sein.
Vielleicht fällt Ihnen etwas Bess'res ein?
Mit gutem Willen und mit Fantasie
kommt man schon bald aufs rechte „Wo und Wie"
gemütlicher Geselligkeitsgestaltung.
Von Mensch zu Mensch — das nenn' ich Unterhaltung!

„Sie sind herzlich eingeladen!"

Der folgende 37-Zeiler ist ein Mehrzweck-Gedicht mit Variationen für viele Fälle. Lassen Sie beim Abschreiben jeweils einfach nur das stehen, was zu Ihrer Einladung paßt. Also: Nichtzutreffendes bitte streichen!

Wir laden Sie herzlich ein,
in unserem Hause Gast zu sein.
Wann, wie und wo — die Daten lassen
unmöglich sich in Reime fassen;
sie stehn deshalb für alle Fälle
auf diesem Blatt an andrer Stelle. *)
Im Ungewissen soll's nicht bleiben:
Wir bitten Sie, recht bald zu schreiben
(beziehungsweise, je nachdem
ist auch ein Anruf angenehm),
ob zu der angegebnen Frist
mit Ihnen fest zu rechnen ist.
Dies zu vermerken kann nicht schaden:
paar Gäste mehr sind eingeladen,
und zwar (daß ich's genau verklare)
ausschließlich junge (ältre) Ehepaare;
es bilden einen hübschen Rahmen
ausschließlich nette junge (ältre) Damen;
und zwar ausschließlich jüngre (ältre) Herrn
(die Damen bleiben diesmal fern).
Dies zu vermerken kann nicht schaden:
Sie sind als einzige(r) geladen.

Sie beide nur sind eingeladen.
Ein kleiner Kreis nur ist geladen.

Zu trinken gibt es — auf Ihr Wohl! —
teils Apfelsaft, teils Alkohol.
nur Saft, doch keinen Alkohol.

Nach Alkohol verlangt Ihr Magen?
Ach bitte, lassen Sie den Wagen
dann doch zu Haus! Beschwipst am Steuer:
Das ist gefährlich! Das wird teuer!
„U. A. w. g." — dergleichen heißt
„Um Antwort wird gebeten" meist.
Hier gilt die andre Deutungs-Sitte:
„Und abends wird getanzt!" — na bitte!
Das war es, was zu sagen war.
Wir hoffen, nun ist alles klar!

*) Zum Beispiel unten auf dem Blatt der Einladung: Am Freitag, dem 20. Oktober, zum Abendessen um 20.15 Uhr; Fasanenstieg 16. Bahnverbindung: Linie 18, Haltestelle Fliederweg. Telefon 0 00 00.

Wie wär's, wenn zu Kaffee und Kuchen
Sie uns (mich) am Donnerstag besuchen?
(Sie mich am Freitag mal besuchen)

Du könntest zu Kaffee und Kuchen
am nächsten Freitag mich besuchen
(Am Donnerstag mich mal besuchen).

Um 16 Uhr steht blank und frisch
die Kaffeekanne auf dem Tisch.
Wir reden dann mit Ernst und Spaß
mal über dies, mal über das,
worüber man gern reden mag.
Das wird ein netter Nachmittag!
Für eine Antwort wäre ich
sehr dankbar. Und schon freu' ich mich!

Diese Nachmittags-Einladung läßt sich ohne weiteres mit Versen aus dem Mehrzweck-Gedicht, das dies Kapitel einleitet, kombinieren. Das gilt auch für alle weiteren Texte — einschließlich der Geschäftsbesuch-Einladungen.

Wir haben Sie doch nicht vergessen!
Wir bitten Sie zum Abendessen *)
und würden, weil wir's ehrlich meinen,
uns herzlich freun, wenn Sie erscheinen.
Und, bitte, geben Sie Bescheid:
Paßt dieser Tag? Und paßt die Zeit?

*) Wieder wie bereits gehabt: Tag, Zeit, Ort, Bahn- oder Bus-Verbindungen, Telefon.

Zum Sonntag laden wir Sie ein:
Frühschoppenfröhlich woll'n wir sein!
Um halb zwölf etwa ist der Start.
Beehrt uns Ihre Gegenwart?
Wir trinken einen und noch einen.
Wir freuen uns auf Ihr Erscheinen!

*

Wir möchten (was wir glatt gestehn)
Sie gern mal wieder bei uns sehn.
Wär's Ihnen — uns paßt das nicht schlecht —
mal nach dem Abendessen recht?
Wenn wir Sie auch nicht böse quälen:
Sie müssen viel von sich erzählen!

Wir sind beinahe ungeduldig;
Sie sind uns längst schon etwas schuldig:
Wann machen Sie uns wohl die Freude
des Gastbesuchs hier im Gebäude?
So steht der Wunsch hier im Gedicht:
Enttäuschen Sie uns bitte nicht!

*

Wir laden Sie sehr herzlich ein,
mal unser Fernsehgast zu sein.
Wir brauchen da auch nicht zu lügen:
Zu mehreren macht's mehr Vergnügen.
Beim Krimi wächst die Spannung eben,
wenn mehrere ganz ängstlich beben.
Doch kommen Sie bloß nicht zu spät,
weil dies die Stimmung stören tät'.
Drum: Wir erwarten Sie genau
um 20 Uhr zur Tagesschau.

*

Wir laden herzlich ein zum Tanz!
Verleihen Sie dem Abend Glanz!
Sie können das (nach unserer Meinung)
durch ganz persönliche Erscheinung.
Natürlich gibt es was zum Knabbern
und etwas Flüssiges zum Schlabbern.
Ein Wunsch: Könnt's Ihnen wohl gelingen,
paar nette Platten mitzubringen?

Wir laden Sie recht herzlich ein:
Gemütliches Beisammensein!
Es sollen weder Fernsehröhren
noch Dias diesen Abend stören,
und Ihnen bleiben auch erspart
die Fotos von der Ferienfahrt,
von Irmchen klein und Hänschen klein.
Dann schliefen Sie ja doch bloß ein.
Vielmehr: Wir wollen plaudern, klönen
und so den Abend uns verschönen.

*

Zur Dia-Präsentation
— Sie kennen unser Hobby schon! —
wird eingeladen. — Unser Schwur:
90 Minuten dauert's nur!
Wobei ein weitrer Trost dies wäre:
Die Dias haben Atmosphäre!

Geschäftsbesuch wird eingeladen

Ein Abend im Hotel allein?
Das scheint uns gar nicht gut zu sein.
Wie wär's, wenn Sie es auf sich nähmen
und heute abend zu uns kämen:
Das Essen wird um „acht" serviert;
die Weine sind gut temperiert,
wie sich's gehört bei solchen „Säften".
Wir sprechen mal nicht von Geschäften;
wir wollen — fern von solchen Sachen —
uns einen netten Abend machen.

*

Für alles gibt es schließlich Grenzen;
einmal ist Schluß mit Konferenzen!
Mal muß der Mensch — sonst gibt es Pannen —
sich einfach lockern und entspannen.
Vergessen Sie des Tages Hast;
sein Sie heut' abend unser Gast,
statt trübe im Hotel zu sitzen:
vor sich nur Berge von Notizen!
Wir haben uns das so gedacht:
Nett wär's, wenn wir Sie um halb acht
zum Essen hier begrüßen können.
Sie sollten uns die Freude gönnen!

Nach Tagung, Sitzung und Besprechung
empfiehlt sich eine Unterbrechung.
Wir bitten Sie: Wenn's Ihnen paßt,
dann seien Sie heut' unser Gast
in ganz privater Atmosphäre
(was den Kontakten dienlich wäre).
Wir haben uns das so gedacht:
Bescheidner Imbiß — kurz nach acht.

*

Wir freuen uns, wenn Sie — heut abend
nichts Besseres im Sinne habend —
zum Essen zu uns kommen wollten.
Wobei Sie ganz vergessen sollten,
was uns geschäftlich noch bewegt.
Geselligkeiten, die man pflegt,
sind eine gute Basis oft
für Lösungen, die man erhofft.
Zum Wiedersehen um acht Uhr
fehlt jetzt Ihr Einverständnis nur.

*

Was wir besprechen, geht so glatt,
daß man daran Vergnügen hat.
Wir sollten das in einem heitern,
privaten Rahmen noch erweitern:
Nett, so was ohne Hasten, Hetzen
am Abend bei uns fortzusetzen!
Bei Tisch und nach Tisch wird man sich
noch näherkommen; denke ich.
Gut weiter geht, was gut gestartet.
Um acht Uhr werden Sie erwartet.

DANK FÜR EINE EINLADUNG

Es liegt mir ferner noch als fern,
unhöflich etwa abzusagen.
Einladungs-Dank! Ich komme gern
und vorsichtshalber ohne Wagen
(oder: Vorfreude in Gemüt und Magen).

*

Sie laden mich so herzlich ein,
da kann man doch nicht sagen: „Nein“.
Ich sage voller Freude: „Ja!“;
vergnügt und pünktlich bin ich da!

*

Herzlich luden Sie mich ein,
Gast in Ihrem Haus zu sein.
Danke schön! Gern bring' ich mit:
Gute Laune! Appetit!

*

Wie nett, mich einzuladen; danke sehr!
Gleich zuzusagen, fällt mir gar nicht schwer:
Ich fühle mich geehrt, Ihr Gast zu sein.
Ich komme gern und stell' mich pünktlich ein.

*

Für Ihre Einladung, die mich erfreute,
bedanke ich mich wirklich herzlich heute.
Ich nehme sie natürlich gerne an
und freu' mich, daß ich kommen darf — und kann.
(oder: und komme gern. Auf Wiedersehn — bis dann!)

So vor das Gästebuch gezerrt ...

Ein Gästebuch ist schön und nützlich für den, der es zur Erinnerung aufschlagen kann. Weniger glücklich ist oft der, dem vor einem solchen Buch als Gast(schreiber) plötzlich etwas Passendes einfallen soll. Joachim Ringelnatz (1883—1934) beschreibt diese Situation in seinem Gedicht „Stammbuchvers“:

„So — an ein Stammbuch hingezerrt —
hat man Verdruß.
Man fühlt sich ins Klosett gesperrt,
obwohl man gar nicht muß.
Denn mancher Gast will weitergehn
und will nichts stehen lassen
und seine Kleckse ungesehen
nur werfen, wo sie passen.“

Gästebuch-Besitzer haben Ringelnatz diesen Vers mitunter übelgenommen. Sie wundern sich nicht nur, daß Klecks mit „x“ statt mit „cks“ geschrieben wurde; sie finden auch, daß Ringelnatz zu wenig Rücksicht auf die Gastgeber genommen hat. Mit diesem Buch hier wird allen geholfen, denen fürs Gästebuch etwas einfallen soll.

Sie finden auf den nächsten Seiten insgesamt 25 Texte fürs Gästebuch, die Ihnen weiterhelfen werden. Wenn Sie irgendwohin eingeladen sind, sollten Sie sich rechtzeitig vorher diese 25 Textvorschläge durchlesen und die drei oder vier abschreiben, die möglicherweise als Gästebuch-Dank verwendbar sind. E i n Gedicht wäre zu wenig. Denn wenn Sie beispielsweise nur den Text: „Wir fühlten uns hier äußerst wohl, dafür gibt's beste Noten. Wir danken für den Alkohol und das, was sonst geboten“ auf einem Zettel bei sich führen, geraten Sie vor dem Gästebuch in Verlegenheit, wenn es überhaupt keinen Alkohol gegeben hat.

Da ist es dann gut, eine Auswahl von Texten bei sich zu haben. Diese Vorsorge sollte Sie aber nicht dazu verleiten, von sich aus am Ende des Abends lautstark nach dem Gästebuch zu rufen. Vielleicht haben die Gastgeber gar keins und wollen auch keins haben, weil sie Gegner solcher Buchführung sind. Also: warten Sie, bis das Gästebuch vorgelegt wird, und tragen Sie dann den passenden Dankspruch ein.

Hier noch ein paar mehr oder weniger bekannte Gast-Sprüche:

> *„Man soll nie vergessen, daß die Gesellschaft lieber unterhalten als unterrichtet sein will."*
>
> Adolf Freiherr von Knigge (1752—1796)

> *„Du hast nicht das, was andere haben, und andern mangeln deine Gaben. Aus dieser Unvollkommenheit entspringet die Geselligkeit."*
>
> Christian Fürchtegott Gellert (1715—1769)

> *„Der Gast ist wie der Fisch; am Ende von drei Tagen stinkt er."*
>
> Sprichwort

> *„Ein froher Gast ist niemands Last."*
>
> Spruch in der Wirtschaft der Wartburg

> *„Solang Dein Gast weilt, heiß' ihn nicht eilen noch weilen, wenn Du ihn siehest eilen."*
>
> Friedrich Rückert (1788—1866)

> *„Der Gast, und sei er noch so schlecht, wird stets geehrt; das ist sein Recht."*
>
> Sprichwörtliche Redensart

EINTRAGUNGEN INS GÄSTEBUCH

Drei Tage fiel ich hier zur Last,
die Last war, hoffe ich, erträglich.
Drei Tage war ich hier zu Gast,
und sehr gemütlich war es täglich.
Wie wurde ich verwöhnt, betreut!
Von Herzen Dank! — Ich reise heut.

*

Es war ein wunderschöner Abend;
vergnüglich, munter und erlabend.
Auf Wiedersehn! Für Speis' und Trank
von ganzem Herzen: Tausend Dank!

*

Schön war alles, was ich hier gefunden.
Vielen Dank für wirklich nette Stunden!

*

Klar, daß man sehr gerne schreibt:
Dank! Und die Erinnerung bleibt.

*

Nach dieser wunderbaren Zeit
gibt es nur e i n Wort: Dankbarkeit!

Wir danken für die schönen Stunden;
sie waren heiter und voll Schwung.
Was wir an Gastfreundschaft gefunden,
das bleibt in der Erinnerung.

*

Dank ohne viele Worte:
Ein Abend bester Sorte!

*

Ein Gästebuch
ist wie ein Fluch:
Gejammer und Gestöhn'.
Kurz — es muß sein! —
schreib' ich hinein:
Der Abend war sehr schön!

*

Dankbar schreiben wir:
Gerne war'n wir hier!

*

Ich schreibe dankbar her:
Schön war es! — Bitte sehr!

*

Wir haben gegessen, wir haben getrunken;
wir haben geredet bis tief in die Nacht
und sind in so manchen Problemen versunken:
Anregung und Freude hat alles gebracht.
Wir danken für alles, was freundlich geschah:
Ein wertvoller Abend — ganz ohne Bla-bla!

Die Hausfrau hat sich selber übertroffen;
vom Hausherrn war man ebenso entzückt.
Welch angenehme Zeit! Kein Wunsch blieb offen.
Bei soviel Gastfreundschaft kann man nur hoffen,
daß schon in Bälde die Revanche glückt.
Man dankt sehr herzlich! — Höchste Zeit zu gehn!
Und ehrlich freut man sich aufs Wiedersehn.

*

Stimmt genau: Ich fand noch nie
ein so herrliches Logis,
denn man hat mich ungewöhnlich
nett betreut — so ganz persönlich!
Ja, mein Dank ist echt und heiß.
Und so steht's hier schwarz auf weiß.

*

Verwöhnung ohne Pause:
Welch wunderbare Zeit!
Man findet hier im Hause
Ruh' und Geborgenheit.
Man muß für soviel Gutes
Dank sagen. Und man tut es!

*

Es läßt sich nicht vermeiden:
Der Gast wird vor dem Scheiden
vors Gästebuch gesetzt!
Und dieses schreib' ich jetzt,
damit's auch andere lesen:
Dank! Schön ist es gewesen!

Es war die Zeit hier im Gebäude
tatsächlich eine reine Freude.
Der Dank ist dementsprechend groß.
Und nun seid Ihr mich wieder los.

*

Im Falle solchen Falles
heißt's: Dankeschön für alles!

*

Ich wurde herzlich aufgenommen,
und alles ist mir gut bekommen.
Man dankt nun, lyrisch radebrechend,
von ganzem Herzen dementsprechend.

*

Stutzt man vielleicht:
„Dies ist zu kurz"?
Das ist mir schnurz,
denn e i n Wort reicht:
Danke!

*

Ich schreibe mit Vergnügen
den Dank, den Namen hin.
Das muß auch schon genügen,
weil ich sehr schreibfaul bin.

*

Dank für des Abends prächtige Gestaltung
mit Kunst des Kochens, Kunst der Unterhaltung!

Wir fühlten uns hier äußerst wohl;
dafür gibt's beste Noten.
Wir danken für den Alkohol
und das, was sonst geboten.

*

Na schön! Da hilft es eben nischt.
Das Gästebuch hat mich erwischt.
Vier Zeilen schreib' ich und nicht mehr;
die letzte endet: „Danke sehr!"

*

Was Herz und Magen so erfreute,
dafür bedanke ich mich heute.

*

Des Gästebuches strenger Zwang
macht schließlich nur den Laien bang.
Der Fachmann denkt sich schon zu Haus
rechtzeitig vorher dieses aus:
Herzlichen Dank!

TISCH-SPRÜCHE UND TISCH-REDEN

Ich grüße herzlich jeden Gast,
der so vortrefflich zu uns paßt
und gerne unser Heim betritt.
Ich wünsche guten Appetit!

*

Ich weiß es; alle denken und erwarten:
Gleich wird die lange Damenrede starten.
Weil ich nun mal kein großer Redner bin,
muß ich Sie wohl enttäuschen. Immerhin:
Augen links, Augen rechts,
auf das Wohl des weiblichen Geschlechts!

*

Hergehört! — Mein Glas will ich erheben:
Hoch soll'n alle unsere Gäste leben!

*

Liebe Gäste! Wenn man mit Gewalt
lange redet, wird das Essen kalt.
Ohne Rederei trink' ich — ruckzuck —
auf das Wohl der Gäste diesen Schluck!

*

Sie brauchen nicht zu zittern und zu zagen.
Statt lang zu reden, möchte ich bloß sagen:
Ich freu' mich herzlich, daß Sie heut' erschienen.
Ich trinke auf Ihr Wohl! Ich danke Ihnen!

Verehrte, liebe Gäste! In der Kürze
liegt, wie ein altes Sprichwort sagt, die Würze.
Drum würze ich kurz, bündig und getrost
die Unterhaltung mit dem Worte „Prost“!

*

Aus gutem Grund hab’ ich mir vorgenommen:
„Red’ nicht zu lang in diesem netten Kreis!“
Ich mach’ es kurz: Sie sind uns sehr willkommen.
Wir hoffen, daß es jeder spürt und weiß.

*

Ich grüße herzlich jeden als auch jede.
Das ist der lange Sinn der kurzen Rede.

*

Ich bitte Sie, mich ganz kurz anzuhören;
ich möchte das Gespräch nicht lange stören.
Doch sagen möchte ich in jedem Falle:
Von Herzen gern gesehn sind Sie hier alle!
Ich danke Ihnen! Und ich wünsch’ der Runde:
Voll echter Heiterkeit sei jede Stunde!

*

Das Grußwort gilt den Damen und den Herrn.
Wir wünschen allen Gästen herzlich gern
Gemütlichkeit und heiteren Genuß
von Anfang an durchgehend bis zum Schluß!

Liebe Gäste! Lassen Sie mich sagen:
Wir sind herzlich froh, Sie hier zu sehn.
Und wir hoffen, daß Sie sich vertragen
und nicht schon nach einer Stunde gehn.
Wenn Sie nämlich so uns überraschen,
wird es ungemütlich hier im Raum.
Denn alleine schaffen wir die Flaschen
und die Häppchen mit dem Aufschnitt kaum.
Lassen Sie uns nicht auf diesen hocken;
grade darum bitten wir Sie sehr.
Mit der Zeit wird so was nämlich trocken,
und dann schmeckt es einem gar nicht mehr. —
Das sind Ängste, und das sind Beschwerden,
unter denen schon so mancher litt.
Heute wird es, hoff' ich, anders werden:
Guten Durst! Und guten Appetit!

*

Verehrte Gäste, daß Sie zu uns kamen,
dafür bedanken wir uns herzlich gern.
Und dieser Dank gilt einerseits den Damen,
und andrerseits gilt dieser Dank den Herrn.
Wir wünschen allen, die hierhergefunden,
in unserer hektisch-unruhvollen Zeit
ein paar erholsame Entspannungs-Stunden —
zwanglos in heiterer Gemütlichkeit.
Belasten wir uns heut' nicht mit Problemen!
Es wäre schon bekömmlich, dies und das
nicht gar so ernst, nicht gar so schwer zu nehmen.
In diesem Sinn erhebe ich mein Glas.

Seit altersher gilt es als gute Sitte,
daß man den Würdigen entsprechend ehrt.
Und heute weilt jemand in unserer Mitte,
der ist solch eine Würdigung wohl wert!
Die Runde, die hier feierlich vereint ist,
hat längst schon gratuliert; das war famos!
Wir alle wissen, wer und was gemeint ist.
Drum fasse ich mich kurz und sage bloß:
Wir wünschen weiter lauter Glück im Leben,
und jeder neue Tag beginne froh.
Wir wollen feierlich die Gläser heben:
Wir gratulieren herzlich! Weiter so!

*

Ein solcher Tag hat ganz besondre Seiten
und einen ganz besonders schönen Ton.
Warum das so ist? Niemand wird bestreiten:
Sie sind an diesem Tag die Hauptperson!
Glückwünschend sagen wir's und mit Vergnügen,
und was wir wünschen, das ist ehrlich-echt:
Genießen Sie den Tag in vollen Zügen;
man ehrt und feiert Sie durchaus mit Recht!
Sonst wären wir ja nicht hierhergekommen.
So aber sind wir Ihretwegen da,
und wir bekennen unvoreingenommen:
Sie stehen unsern Herzen wirklich nah.
Sie waren uns stets Vorbild und Verpflichtung;
so ist es, und so wird es immer sein.
Auf, Freunde! Schaut mit mir in e i n e Richtung;
stimmt in den Ruf „Er lebe hoch!“ mit ein!

Bei einem solchen Test ist eins vonnöten;
wer andrer Meinung ist, ist völlig blind.
Drum sage ich mit freundlichem Erröten,
daß uns die Damen unentbehrlich sind.
Ich seh' die Herren mit dem Kopfe nicken,
und auch die Damen fragen nicht: „Warum?“
Wir wissen ja: In solchen Augenblicken
versagt die Sprache, und da bleibt man stumm.
Ich trinke auf der Damen Wohl — sehr ehrlich.
Mit dem Bekenntnis endet mein Gedicht:
Sie sind und waren immer unentbehrlich,
denn ohne Frauen gäbe es uns nicht!

*

Jedem schönen Fest verleihn die Damen
immer einen ganz besondren Rahmen.
Für den wahren Kenner aber gilt:
Wicht'ger als der Rahmen ist das Bild!
Hoch soll leben — jedes Auge strahlt! —,
was bildschön ist — und mit Kunst gemalt!

*

Wir hören immer wieder die Belehrung:
„Wir Fraun sind gleichberechtigt!“ — Das ist wahr.
Wir bringen ihnen trotzdem mehr Verehrung
und mehr Bewundrung als den Männern dar.
In dem Bemühen woll'n wir nie ermatten,
weil jede Frau dergleichen gerne sieht.
Wenn Sie es mir erlauben und gestatten:
Ich trinke auf den „kleinen Unterschied“!

Ein wirklich wunderbares Fest ist heute;
wir kamen ganz besonders gern hierher.
Daß sich der Jubilar darüber freute,
das hoffen wir. Wir gratulieren sehr!
Wir wünschen alles Gute und so weiter;
wir wünschen Fröhlichkeit, Gesundheit, Glück.
Und immer bleibe ungetrübt und heiter
der Blick nach vorne und der Blick zurück.
Am schönsten aber und ganz frei von Sorgen
sei auf der weitren stolzen Lebensfahrt
an jedem neuen Tage — heut' wie morgen —
die echte Freude an der Gegenwart!
Nur gute Geister mögen Ihnen winken;
nur gute Botschaft komme in das Haus.
Und darauf woll'n wir alle gerne trinken.
Wenn's recht ist, trinken wir die Gläser aus!

*

Es drängt mich sozusagen kurz und schmerzlos
zu einem tiefempfundnen Dank-Gedicht:
Es wäre wirklich ausgesprochen herzlos,
gedächten wir der Frau des Hauses nicht:
Was sie uns als Verwöhnerei geboten,
verdient bestimmt die allerbesten Noten!

*

Wir wollen herzlich wünschen und auch hoffen,
daß unser Dank so ankommt, wie er's soll:
Die Hausfrau hat sich selber übertroffen;
ein einz'ges Wort sagt alles: Wundervoll!

Allen Gästen sei gedankt,
die den Weg hierher genommen.
Und nun wacker zugelangt!
Alles möge gut bekommen!

*

Gerne sag' ich mit den Meinen:
Besten Dank für Ihr Erscheinen!
Möge heute alles allen
schmecken und auch sonst gefallen!

*

„Tages Arbeit, abends Gäste!
Saure Wochen, frohe Feste!"
Goethes Text gefällt mir sehr.
Machen wir es so wie er!

*

Zum Wohl! — Von nun an herrsche hier
nur Fröhlichkeit und Frische.
Zum Wohl! — Die Stühle stellen wir
erst morgens auf die Tische!

*

Macht Euch, gut gegessen habend
(was Euch jeder herzlich gönnt),
mit uns einen netten Abend:
Seid vergnügt, so gut Ihr's könnt!

Zur Damenrede hat man mich verpflichtet,
und dementsprechend wird jetzt mal gedichtet.
Der Adam war der erste Mensch auf Erden;
kein andres Wesen machte ihm Beschwerden.
Er hatte höchstens mit sich selber Krach;
ihn machten keine Widerworte schwach;
mißriet ihm etwas, gab es kein Gekicher;
er war vor fremder Schadenfreude sicher.
Kein wehleidiger Vorwurf quälte ihn
frühmorgens schon: „Ich hab' nichts anzuziehn!"
Und andrerseits, war er mal richtig volle,
stand niemand da mit einer Nudelrolle.
Er war in allem konkurrenzlos tüchtig;
ihn machte nichts und niemand eifersüchtig,
bis er auf Wunsch die Eva dann bekam,
wozu der Schöpfer Adams Rippe nahm.
Jetzt war es mit der schönen Zeit vorbei;
der Adam schuftete nunmehr für zwei!
Er löste notgedrungen nun als Gatte
Probleme, die er vorher gar nicht hatte;
er blieb der Eva treu, ganz ohne Wippchen;
der Adam mochte nämlich zarte Rippchen! —
So ist es bis zum heut'gen Tag geblieben.
Und allgemein klingt es kaum übertrieben,
wenn ich behaupte: Was die Fraun uns schenken,
ist aus dem Leben nicht mehr wegzudenken.
Der schönste, überzeugendste Beweis
sitzt mitten unter uns in diesem Kreis.
Wir wollen uns und unser Glas erheben:
Die Damen, unsre Damen sollen leben!

TEXTE FÜRS POESIE-ALBUM

Ich schreibe hier mit sehr viel Schwung
zur bleibenden Erinnerung,
weil ich doch Deine Freundin bin,
ins Album meinen Namen hin.

*

Ganz kurz ist mein Gedicht:
Vergiß mich bitte nicht!

*

Wir haben zusammen gelacht und gelernt
und oft beieinander gesessen.
Auch wenn uns die Zeit voneinander entfernt:
Was schön war, bleibt unvergessen!
Ob hierhin, ob dorthin die Wege gehn:
Ich hoffe, wir werden uns wiedersehn!

*

Was in vielen schönen Stunden
uns gemeinschaftlich verbunden,
bleibt auch weiterhin beständig.
Dieses schreib' ich eigenhändig!

Ein Album voller Poesie!
Ach, dichten konnte ich noch nie.
Ob ich's in diesem Buche
trotzdem einmal versuche?
Ich wünsche Dir: Sei stets im Leben
von Freude und von Glück umgeben!

*

Alles Gute wünsch' ich Dir.
Nun steht auch mein Name hier.

*

Mal beflissen, mal bequem
(so was wechselt je nachdem);
mit Verstand und mit Gefühl
manchmal herzlich, manchmal kühl:
Jeder sucht sich das Rezept,
nach dem er durchs Leben steppt!

*

Herzlich wünsch' ich immer,
daß des Glückes Schimmer
ständig Dich umschwebe:
Lache! Liebe! Lebe!

*

Zu vielen andren Namenszügen
schreib' ich nun meinen Namen hin.
Und ich bekenne mit Vergnügen,
daß ich von Dir beeindruckt bin!

Dieses soll man nicht verschweigen:
Arbeit wird es immer geben.
Doch sich stets nur ernst zu zeigen,
das ist schließlich auch kein Leben!
Wohnst Du nördlich oder südlich,
wohnst Du östlich oder westlich:
Mach' es Dir auch mal gemütlich!
Mach' es Dir doch auch mal festlich!

*

Ich schreibe Dir ins Album heute gern:
Ein treues Herz ist niemals unmodern!

*

Die Schule ist oft eine Qual;
auch sie wird mal zu Ende gehn.
Ein wahres Freundschafts-Ideal,
das kann, das muß, das wird bestehn!

*

Ich hoffe herzlich, daß Du mich
nicht gar so schnell vergißt.
Und dies Besondre wünsche ich:
Bleib' grad' so, wie Du bist!

*

Das Schicksal wird uns manches bringen;
das merkt man erst, wenn es soweit.
Ich wünsche Dir vor allen Dingen
Gesundheit, Glück, Zufriedenheit!

Wenn manche jetzt auch kichern:
Es kommt doch darauf an,
die Existenz zu sichern,
damit man leben kann!

*

Mach' Dir dieses zum Prinzip:
Sei verständig, klar und lieb!

*

Herzlichkeit und froher Sinn
bringen Freude und Gewinn!

*

Was einer auch tut
bei der Lebens-Gestaltung:
Er habe den Mut
zur persönlichen Haltung!

*

Das Leben zeige sich zu allen Zeiten
Dir immer nur von seinen besten Seiten!

*

Geh' durchs Leben wach und munter!
Sei auf Draht! Und fall' nicht runter!

GLÜCKWÜNSCHE ZUM NEUEN HEIM

Am Ende einer langen Wartezeit
erfolgt nun endlich, endlich die Belohnung:
Nun ist das Ziel erreicht; es ist soweit.
Viel Glück und Freude in der neuen Wohnung!

*

Mit Recht seid Ihr auf Eure Wohnung stolz.
Wir gratulieren herzlich! Und „Gut Holz“! *)

*) Vorschläge für Holzgeschenke: Frühstücksbrettchen, Brotteller, Kochlöffel, Kerzenleuchter, Schälchen und dergleichen.

*

Endlich ist's geschafft — und Ihr zogt ein.
Strahlend, stolz und glücklich dürft Ihr sein!
Gottes Segen möge treulich nun
über Eurer neuen Heimstatt ruhn!

*

Des Reimens wegen mit Betonung:
Zum Einzug in die neue Wohnung
von Herzen Glück! Und außerdem:
Die Nachbarschaft sei angenehm!

Das lang Ersehnte wurde wahr:
Das eigne Haus! Wie wunderbar!
Es sei und bleibe allezeit
Glücksquelle der Gemeinsamkeit!

*

Die eigenen „vier Wände“!
Ihr fragt, wie ich das fände?
Ich find’s enorm! Ich gratuliere!
Und außerdem sind’s mehr als „viere“!

*

Von A bis Z sieht Euer Haus
entzückend und gemütlich aus.
Ja, es verdient, daß man es preist.
Und drinnen wohnt ein guter Geist!

*

Ins neue Heim seid Ihr gezogen,
vorüber ist des Wartens Last.
Das Glück sei Euch auch hier gewogen
und bleibe Euer Dauergast,
damit Euch jeden Tag aufs neue
das Strahlen dieses Glücks erfreue!

*

Das eigne Haus, auf das Ihr lang gespart,
nun steht es da, und immer sei’s bewahrt
vor jedem Schaden, jedem Ungemach
vom tiefen Keller bis zum hohen Dach.
So wünschen wir es sehr, so soll es sein:
Ins Haus zieh’ mit Euch Glück und Frieden ein!

Das neue Heim! Daß es sich nun bewähre,
das wünschen wir von ganzem Herzen sehr!
Ihr schafft Euch Eure eigne Atmosphäre:
Die ist o. k.; was will man schließlich mehr!
Wir gratulieren! Und zum Wohnbeginn
nehmt dies als unsre Einzugs-Gabe hin!

*

Kapital-Anlage — sehr gescheit!
Glück zur Wohnungs-„Eigentümlichkeit!"

*

Glückwunsch zum „Eigenen"! Es ist entschieden!
Wie freundlich sieht sich diese Lage an!
Ihr seid direkt erleichtert und zufrieden:
Es gibt ja keinen mehr, der künd'gen kann!

*

Auch heute noch gilt dieser Brauch:
zum Einzugstage Salz und Brot,
daß nie ein Mangel Euch bedroht.
Und gratulieren tun wir auch!

*

Auf Euer neues schönes Heim
macht man sich gerne einen Reim:
Seid hier in einem langen Leben
— ob Festtag, ob Alltäglichkeit —
von diesen dreien stets umgeben:
Gesundheit, Glück, Verträglichkeit!

MERKSPRÜCHE FÜRS HAUS

An Wohnungs-Türen (einigen)
steht: „Bitte Füße reinigen!“
An andren wird gebeten,
die Füße abzutreten.
So etwas kann doch allen
dem Sinn nach nicht gefallen,
wollt’ man es wörtlich tun.
Wir sagen deshalb nun:
Benutzen Sie in Ruhe
zwecks Reinigung der Schuhe
die Matte; denn dafür
liegt sie ja an der Tür!

*

Was hier steht zum Waschen, Putzen,
was hier liegt und was hier hängt:
Alles darf der Gast benutzen —
immer, wenn’s ihn dazu drängt!

*

Wer hier auch weilt — wir bitten ihn,
senkrecht den Kettenstrang zu ziehn!

*

Gebühren werden nicht kassiert,
wenn hier ein Gast telefoniert.

*

Schreibt euch dieses bitte hinters Ohr:
Wer zuletzt kommt, legt die Kette vor!
Zweckvoll wär’ es, wenn er nicht vergißt,
festzustelln, ob er der letzte ist!

Das Haus ist zwar massiv gebaut;
trotzdem klingt manchmal manches laut.
Drum soll nach 22 Uhr
nicht mehr ein Bad genommen werden.
Tut man's trotzdem, dann gibt es nur
Beanstandungen und Beschwerden!

*

Dieser Grundsatz trifft auf alle zu:
Hier putzt jeder selber seine Schuh'!
(Ach, wenn er es doch tatsächlich täte,
ohne daß man ihn erst lange bäte!)

*

Ist der Eimer müll-gehäuft
so, daß er fast überläuft,
dann darf jeder sozusagen
freiwillig dies gute Stück
draußen zu der Tonne tragen:
Voll dorthin, und leer zurück!

*

Sauberkeit ist ein gesunder Brauch.
Trotzdem soll man sich im Bad beeilen
und nicht stundenlang darin verweilen.
Andre wollen oder müssen auch!

*

Der Küchen-Ausguß ist kein Platz
für Schalen, Kippen, Kaffeesatz;
so was verstopft sehr leicht das Rohr.
Drum, lieber Mitmensch, sieh dich vor:
vermeide jeden Stauungs-Teich!
Der nächste Klempner kommt nicht gleich!

Nicht jeder verträgt Kritik

Kein Mensch lebt und verhält sich so, daß er in allem allen gefällt. Jeder Mensch ist also der Kritik ausgesetzt. Kaum einer läßt sich gern kritisieren; im privaten Bereich schon gar nicht. Wir suchen Lob. Auf Tadel möchten wir verzichten.

Nur wenige Menschen geben zu, daß sie Kritiken gegenüber empfindlich sind. Die meisten sagen: „Ich kann Kritik vertragen", aber dann geraten sie schon bei einer kleinen sachlichen Korrektur in Harnisch und sind verstimmt. Das ist menschlich verständlich.

Kennen Sie das Märchen von dem, der auszog, die Wahrheit zu sagen? Der ging fürbaß über Land, bis es dunkelte; da klopfte er an die Tür einer schlichten Hütte irgendwo in der Einsamkeit und bat um Herberge. Sie wurde ihm von dem Mann und der Frau, die dort lebten, gewährt. Na ja, und dann sagte der Gast die Wahrheit: „Deine Frau schielt aber ganz schlimm." „Hier ist wohl lange nicht gefegt und geputzt worden." „Die Suppe ist ziemlich versalzen." So und so ähnlich sagte er immer die Wahrheit — bis er in hohem Bogen aus der Hütte flog. Mit Recht, wie ich meine.

Trotzdem finden Sie im nachfolgenden Kapitel „Verse mit Kritik". Sie beziehen sich fast ausschließlich auf das, was Eheleute aneinander möglicherweise auszusetzen haben. Darüber sollten sich die Partner aussprechen; sonst schlägt der Ärger nach innen und frißt sich fest. Vielen fällt's schwer, darüber zu reden; vielleicht fällt's leichter, darüber zu s c h r e i b e n ? Dann sehen Sie sich mal die Verse auf den nächsten Seiten an; sie könnten auf manche Situation passen. Aber überlegen Sie gut, ob Sie von diesen Texten Gebrauch machen oder nicht. Sie sollten es nur dann tun, wenn Sie ganz sicher sind, auf Verständnis zu stoßen. Beim auch nur geringsten Zweifel sollten Sie auf schriftliche Kritik verzichten und doch lieber auf eine Gelegenheit zum „Mündlichen“ warten. Geschriebenes bleibt stehen wie es ist. Abschwächung ist da nicht mehr möglich. Also wägen Sie ab, ob Sie Ihre Kritik anbringen oder lieber runterschlucken wollen.

Vielleicht lassen Sie sich bei Ihren Überlegungen von dem leiten, was kluge Leute über das Kritisieren und über die Wahrheit gesagt haben. Hier einige Zitate:

„Du sollst nicht sagen: es ist nicht gut. Du sollst sagen: es gefällt dir nicht. Dann weißt du, daß du dich keiner Gefahr aussetzt.“ James Whistler (1834—1903)

„Ich bin dankbar für die schärfste Kritik, wenn sie nur sachlich bleibt.“ Otto von Bismarck (1815—1898)

„Kritisiere deine eigenen Fehler und nicht die der anderen.“ Roger Ascham (1515—1568)

„Es ist leichter, kritisch als korrekt zu sein.“ Benjamin Disraeli (1804—1881)

„Welch angenehme Freunde die Tiere sind: sie stellen keine Fragen, und sie kritisieren nicht.“ George Eliot (1819—1880)

„Wer andrer Schwäche zeigt, verberg' erst seine Schwäche.“ Gotthold Ephraim Lessing (1729—1781)

„Wer die Wahrheit geigt, dem schlägt man die Fidel um den Kopf.“ Christoph Lehmann (Politischer Blumengarten; 1662)

„Im Wein ist Wahrheit, und mit beiden pflegt man anzustoßen.“ Peter Sirius (Tausend und Ein - Gedanken; 1899)

„Die Wahrheit zu sagen ist nützlich dem, der hört; schädlich dem, der spricht." Sprichwörtlich

„Sprich doch nicht von deiner Wahrheitsliebe, wenn du nur rücksichtslos warst!" Karl Gutzkow (1811—1878)

Verse mit Kritik

Ich weiß genau, daß es Dir selbst nicht paßt,
daß Du so eine Angewohnheit hast:
Wenn Du erzählst, gebrauchst Du ganz geläufig
*) „nicht wahr?“ ganz sinnlos und schon mehr als häufig.
Du selber wirst das überhaupt nicht hören,
und deshalb wird es Dich auch gar nicht stören.
Bloß: Der, mit dem Du sprichst, ist nicht erbaut;
er fährt nervös am liebsten aus der Haut. —
Laß mich Dir helfen, denn ich möchte nicht,
daß irgend jemand witzelnd (kritisch) von Dir spricht.
Vielleicht geht's so: Steck' diesen Zettel ein,
und laß ihn Deinem Herzen nahe sein —
etwa als eine Art von Talisman.
Wenn Du ihn trägst, dann denke immer dran:
Er stammt von mir. — Noch eines: Ab sofort
verlieren wir dazu nie mehr ein Wort!

*) oder:
das Wörtchen „gell“ (ja, nein, nicht, denn so) sinnlos
und mehr als häufig.
das Wörtchen „oder“ (also) sinnlos und zu häufig.
die Wörter „oder doch“ ganz sinnlos und zu häufig,
„was soll's“ ganz sinnlos und schon mehr als häufig,
„von mir aus“ sinnlos und auch mehr als häufig,
„andrerseits“ ganz sinnlos und schon mehr als häufig.

Ich hab' so das Gefühl in jüngster Zeit,
daß Dich etwas bedrückt. Das tut mir leid.
Du gehst so schweigsam und so still durchs Haus.
Hab' doch Vertraun zu mir. Komm, sprich Dich aus!
Du weißt, Du kannst mir wirklich alles sagen.
Die Sorgenlast, die wir gemeinsam tragen,
wird leichter gleich, und sie wird ganz verschwinden,
wenn wir gemeinsam dann die Lösung finden.
Fass' Dir ein Herz! Sag' mir in aller Ruh',
was Du für Sorgen hast. — Ich hör' Dir zu.

*

Wer mündlich kritische Verweise gibt,
macht sich im allgemeinen nicht beliebt,
denn bald entsteht aus solchem Vorgang schon
leicht eine ärgerliche Diskussion.
Das führt zu nichts, weil man sich bloß verrennt.
Ich habe da ein anderes Patent!
Ich schreibe einfach ohne viel Klimbim:
Du bist vergeßlich! — Das ist zwar nicht schlimm,
doch bringt es andrerseits gelegentlich
so manches, was nicht nötig wär', mit sich:
Mit Pünktlichkeit, Terminen oder Daten,
Einkäufen, dringlichen Telefonaten
und Ähnlichem, was durchaus wichtig ist,
klappt es nicht recht, weil Du vergeßlich bist.
Belastet's Dich, dergleichen zu behalten?
Vielleicht kann man es günstig so gestalten:
Notier's! Und hak' es ab zur rechten Zeit —
und nichts gerät mehr in Vergessenheit!
Dann wird auf Dich das Lob der Umwelt passen:
„Wer sich auf den verläßt, ist nicht verlassen!"

Du magst es nicht (das wird Dir konzediert),
wenn jemand mündlich Dich mal kritisiert.
Darf ich ganz unter uns Dir darum eben
nun schriftlich etwas zu bedenken geben?
Hab' keine Angst; hier wird nicht lang gepredigt.
Ich schreib's — und damit ist der Fall erledigt:
Du wiederholst Dich oft — bleib' ruhig sitzen! —
In manchen Schilderungen, manchen Witzen.
Wenn man stets nur dasselbe stur erzählt,
grinst die Umgebung nachsichtig-gequält.
Das muß nicht sein! Warum sich so belasten!
Du hast doch vieles andere noch im Kasten!
Hol's 'raus! Erzähl'! Dann heißt es allgemein:
„Dem fällt doch immer etwas Neues ein!"

*

Ich kann mir sicher eher als die meisten
Kritik an Dir gewissermaßen leisten.
Ich mach' es schriftlich, weil Du sonst gleich fauchst.
Klar, daß Du Antwort nicht zu geben brauchst!
Noch besser: Denk', ich hätte unterdessen
hier diesen Brief an Dich schon längst vergessen. —
Es geht um diese Anregung und Bitte:
Du hast so eine Un-Art oder -Sitte,
Dich bei Gelegenheit mit Deinen Tatzen
am Hals, am Kopf und im Gesicht zu kratzen. *)
Gedankenlos geschieht's; nicht etwa bös'.
Doch jeden, der dabei ist, macht's nervös.
Gewöhn' Dir's bitte ab! Dann wirst Du allen
in jedem Falle noch viel mehr gefallen!

*) oder:

durch lautes Räuspern andere beim Sprechen
beinahe unhöflich zu unterbrechen.

rundum zum allgemeinen Miß-Entzücken
die Zigarette nicht ganz auszudrücken.

lauthals zu gähnen. Und das hört sich dann
nicht wohlerzogen und nicht höflich an.

von Dir zu reden — exklusiv, ausschließlich.
Für Gäste ist das, wie man weiß, verdrießlich.

die Gäste, die sich unterhalten wollen,
politisch radikal zu überrollen.

die Fernseh-Sendung so zu kommentieren,
daß andere die Lust daran verlieren.

beim Essen einen Arm — warum? weswegen? —
bereit und genüßlich auf den Tisch zu legen.

die Suppe regelmäßig laut zu schlürfen
(was allerhöchstens Kannibalen dürfen).

daß sich zuviel auf Deinem Teller häuft.
Man fürchtet beinah, daß er überläuft.

Dir (jeder sieht's!) verlegen und verstohlen
das Schwarze unterm Nagel 'rauszuholen.

ihr folgend widmest Du vor allem Volke
Dich oft und gern dem Ohrenschmalz-Gepolke.

Die Zahl der sogenannten Untugenden ist groß; so groß, daß hier nicht alle Varianten erfaßt werden können. Wenn Sie einen hier nicht betexteten Spezialfall haben, dann machen Sie sich bitte Ihren eigenen Vers darauf!

„Entschuldige bitte!“

„Verzeihung!“; „Entschuldigung!“; „Hoppla!“ — dergleichen geht uns im Alltag ziemlich leicht über die Lippen; um so leichter, je fremder uns die Menschen sind, bei denen wir uns zu entschuldigen haben. Das erspart uns die unangenehme Vorstellung, auf längere Zeit so etwas wie ein Schuldgefühl haben zu müssen.

Zwischen Menschen, die sich nahestehen — unter Eheleuten beispielsweise —, liegt der Fall anders. Jeder kennt die Schwächen des Partners und ärgert sich im Laufe der Jahre immer mehr darüber. Und dann platzt „ihr“ oder „ihm“ der Kragen: man macht sich Luft, und der Krach ist perfekt. Erich Kästner hat das in seinem Gedicht „Familiäre Stanzen“ beschrieben:

„Und sie mustern sich wie bei Duellen.
Beide kennen die Anatomie
ihrer Herzen und die schwachen Stellen.
Und sie zielen kaum. Und treffen sie!“

Hinterher tut’s einem dann meist doch leid. Man wünschte, es wäre alles so wie früher. Aber dazu müßte man sich für den Angriff, die Verletzung, den Schmerz mindestens entschuldigen. Und gerade das fällt einem so verdammt schwer. Deshalb läßt man’s — in der bequemen Hoffnung, daß sich alles wieder „von selbst“ einrenkt. Die Zeit heilt zwar Wunden, aber die Narben bleiben.

Lassen Sie es nicht so weit kommen! Entschuldigen Sie sich, wenn Sie nun schon mal aus der Haut gefahren sind, so rasch und so menschlich wie möglich, mündlich. Wenn Ihnen das zu peinlich ist, können Sie es auch schriftlich tun. Dazu finden Sie im folgenden Kapitel einige Textvorschläge. Suchen Sie den passenden Vers heraus (oder wandeln ihn ab, bis er paßt). Überreichen Sie den Entschuldigungszettel mehr oder weniger feierlich dem Partner. Sie können den Brief natürlich auch stillschweigend irgendwo hinlegen — aufs Kopfkissen, neben den Frühstücksteller, auf die Flurgarderobe. Das persönliche Überreichen finde ich freilich besser; zumal dann, wenn ein paar hübsche Blumen die Entschuldigung begleiten.

Aber greifen Sie zu diesen vorgefertigten Texten nur dann, wenn Sie darin den letzten Ausweg sehen — und wenn der gewählte Text wirklich „stimmt". Dann ist diese Lösung immer noch besser als gar keine.

Am besten ist es natürlich, Krache zu vermeiden. Das bedeutet ja noch nicht den Verzicht auf jede Auseinandersetzung und Stellungnahme. Immer nur völlige Harmonie, das ist ein Traum.

Es gibt außer Wort und Schrift eine dritte Möglichkeit, zu zeigen, daß dies und jenes einem leid tut: nehmen Sie „Ihn" oder „Sie" einfach in den Arm — mit all jener Herzlichkeit, auf die sich Ihr Zusammenleben gründet. Dann werden beide das spüren, was Jean Paul (1763—1825) mit diesem Spruch andeutet:

> *„Der Mensch ist nie so schön, als wenn er um Verzeihung bittet oder selbst verzeiht."*

TEXTE: BITTE UM VERZEIHUNG

Hab' ich Dich sehr verletzt? Sehr irritiert?
Ich habe mich ganz einfach mal verrannt:
Ein unbedachtes Wort — schon ist's passiert.
Und aus der Mücke wird ein Elefant.

Was man erklären wollte, das erscheint
auf einmal dann in einem bösen Licht.
Verzeihst Du mir? Es war nicht so gemeint,
und kränken wollte ich Dich wirklich nicht.

Vergiß, was war. Sag' oder schreib' sofort,
daß nichts an Ärger und Verstimmung blieb.
Was ich empfinde, wird in einem Wort
als Herzens-Bitte ausgedrückt: Vergib!

*

Laß uns den dummen kleinen Streit begraben,
der eine Art von Mißverständnis ist.
Auch Du wirst diesen Wunsch ganz sicher haben,
daß man die Bagatelle rasch vergißt.

Naja, wir waren schon bei unseren Themen
ganz schön in Fahrt, und dann rasant im Zug.
Wir sollten das nicht so persönlich nehmen;
wir kennen uns ja schließlich gut genug!

Verzeih' mir bitte schnell, daß nicht ein trüber
und dunkler Himmel uns zu schaffen macht.
Am allerbesten ist: Wir lachen drüber!
Wir schaffen's schon! Das wäre ja gelacht!

Es tut mir leid; ich habe angefangen.
Am Ende gab es Krach und Streiterei.
Dazwischen ist es kreuz und quer gegangen.
Das kommt mal vor. Doch das geht auch vorbei.

Darüber darf die Freundschaft nicht zerbrechen.
Laß uns mit Offenheit und mit Verstand
noch einmal klärend über alles sprechen
in alter Herzlichkeit. Hier meine Hand!

Was uns verbindet, soll bestehen bleiben:
Die alte Freundschaft und der gleiche Schwung.
Und darum drängt es mich, ganz rasch zu schreiben:
Ich bitte herzlich um Entschuldigung!

*

War es Szene? War es Krach? War's Streit?
Jedenfalls tut es mir herzlich leid,
daß ich mich so unbeherrscht benahm.
Ich weiß selbst nicht recht, wie's dazu kam.
Drum (zum Friedensschluß gehören zwei);
Trag's nicht nach! Sei wieder gut! Verzeih!

*

Ich hätte mich — verständlich ist Dein Grollen! —
natürlich gleich, sofort entschuld'gen sollen.
Doch jeder weiß: So was fällt ziemlich schwer;
viel leichter fällt es einem hinterher.
In aller Form bitt' ich — zwecks Druck-Befreiung —
nun heute um Vergebung und Verzeihung.
Die Bitte kommt von Herzen, ganz entschieden.
Wenn sie zu Herzen geht, bin ich zufrieden!

Du kennst mich ja: Ich hab' oft Schweig-Gelüste,
wo ich aus gutem Grunde reden müßte.
Schwer fällt mir auch, zu sagen: „Du! Verzeih'!"
Na, ich versuch's mal mit der Schreiberei:
Vergiß, daß ich Dich auf die Palme trieb!
Mir tut es leid. — Ich hab' Dich herzlich lieb!

*

Ich weiß, ich fiel Dir gestern auf die Nerven.
Für manche(n) könnte das ein Anlaß sein,
mit dem alltäglichen Geschirr zu werfen
beziehungsweise voller Wut zu schrein.

Dir liegt das nicht. Stattdessen wirst Du immer
(wenn's vorkommt) so bedrückt und still dabei.
Und damit strafst Du mich tatsächlich schlimmer
als mit der gröbsten Kragen-Platzerei.

Ich mag' Dich einerseits nicht traurig sehen,
und andrerseits bin ich doch selbst dran schuld!
Ich kann mich manchmal selber nicht verstehen.
Vergib: Sei wieder gut! Und hab' Geduld!

Vergiß doch bitte das, was vorgekommen;
laß diese leidige Geschichte ruhn. —
Wie sagt man, wenn man sich vorbei benommen?
„Ich will es ganz gewiß nicht wieder tun!"

*

Du warst erzürnt; durchaus mit Recht.
und meine Reue ist ganz echt:
Ich beßre mich, so gut ich kann:
Vergib! Und schau' mich wieder an!

Es tut mir leid — Du weißt schon, was!
Verzeih' mir dies; vergib mir das.
Laß mich — kannst Du noch böse sein?! —
mit meiner Reue nicht allein!

*

Wie schnell hat man, weil man's nicht recht bedenkt,
mit Worten einen anderen gekränkt!
Es ist geschehn. Zu spät fällt einem ein:
Die Äußerung war töricht und gemein;
der Partner hat darunter sehr gelitten. —
Ich möchte herzlich um Verzeihung bitten.

*

Ich bitte Dich, mir nicht mehr bös' zu sein.
Und schuldbewußt lad' ich Dich herzlich ein:
Komm mit! Wir gehen einfach mal spazieren!
Und so beim Schlendern und beim Promenieren
löst sich der Ärger wie von selber auf.
Ich bitte Dich: Komm mit! Ich freu' mich drauf!

*

Sei wieder gut! Es war nicht bös' gemeint.
Die Welt ist schöner, wenn die Sonne scheint.
Ob es dem bunten Blumenstrauß gelingt,
daß er Dich nun zum Wieder-strahlen bringt?
Ich hoff' es sehr. Drum geht der Wunsch zu Dir:
Sei nett zu diesen Blumen. Und zu mir!

*

Schau: Dies ist ein Entschuldigungs-Paket.
Von Herzen kommt's. Ob es zu Herzen geht?
Was das Paket enthält, das soll Dir sagen:
Sei wieder gut! Wir wollen uns vertragen!

. . . und was abschließend zu sagen ist

Zum Abschluß habe ich 95 Glückwünsche zu fünf besonderen Anlässen zusammengefaßt.

Mehrfach ist schon darauf hingewiesen worden, daß hier nicht jeder Spezialtopf sein Deckelchen finden kann; das gilt auch für dies abschließende Kapitel. Gültig bleibt aber auch dieser Hinweis: Sie selbst können den einen oder anderen Text abwandeln oder ergänzen. Sie können auch eigene neue Texte schreiben, wenn Sie die Verskunst-Kapitel dieses Buchs beherzigen.

Zurück zu den „fünf passenden Gelegenheiten". Darunter fallen in der Reihenfolge des Abdrucks: Grüße aus dem Urlaub; Genesungswünsche; Dank an die nette Krankenschwester; Glückwünsche zur bestandenen Prüfung und abschließend Dank-Verse als Ausdruck dafür, daß man sich über diese oder jene menschliche Nettigkeit gefreut hat.

Dieses „Menschliche" zieht sich durch alle Texte dieses Kapitels, und überhaupt spricht es aus allen Versen dieses Buches. Das war jedenfalls die Absicht des Autors, der ganz gewiß nicht die Augen davor verschließt, daß in vielen Bereichen des menschlichen Lebens und Zusammenlebens das Menschliche auf der Strecke bleibt oder einen falschen Zungenschlag hat — gewissermaßen eine Fassade, hinter der sich Egoismus, Lüge und Berechnung verstecken. Von daher rührt auch das Unbehagen, das man bei der oft plakatierten Aufforderung „Seid nett zueinander!" empfindet. Aber dies Unbehagen gründet sich ja doch mehr auf das, was aus diesem Spruch gemacht oder auch nicht gemacht wird. Das ist, meine ich, noch lange kein Grund, nicht nett zueinander zu sein. Schließlich kommt es auf den Inhalt an, den jeder einzelne diesem Spruch gibt.

Man sollte Nettigkeiten aber nicht mit jener konventionellen Höflichkeit verwechseln, der oft die Ehrlichkeit fehlt. „Im Deutschen lügt man, wenn man höflich ist“, heißt es in Goethes FAUST. Das gilt auch heute noch in vielen Fällen, und immer gilt es dann, wenn die Nettigkeit nicht aus dem Herzen und nicht vom Herzen kommt.

Wahre Nettigkeit muß „aus Herzensgrund“ stammen. Dann erst hat sie mehr als nur einen Zweck; dann hat sie einen Sinn! In diesem Sinne sollten alle Gelegenheits-Verse dieses Glückwunsch-Buches verstanden werden; im Vordergrund und im Mittelpunkt sollte das herzliche Denken an jene stehen, denen die gereimten Grüße und Wünsche gelten.

Friedrich Hebbel (1813—1863) hat recht:

„Man hat nur dann ein Herz, wenn man es hat für andere.“

Urlaubsfreuden

Der Arbeitgeber, der an Urlaub denkt,
wird leicht auf diesen Sektor hingelenkt:
Er hofft, daß jeder, der bei ihm beschäftigt,
sich vorbehaltlos f ü r die Firma kräftigt.
Der Arbeitnehmer plant aus seiner Sicht
Erholung v o n der Firma. Oder nicht?
Wie dem auch sei: Es kann in allen Fällen
uns e i n Problem die Urlaubszeit vergällen.
Wohin uns auch die Urlaubsströme treiben:
Es wird erwartet, daß wir Karten schreiben.
Zu Hause sitzen sie und warten schon
gewissermaßen auf den Postillon:
Die Eltern und das kleine Schwesterlein;
die Kegelmannschaft von dem Sportverein;
der Chef und die Kollegen im Büro;
ringsum die Nachbarsleute sowieso;
der Markensammelfreund aus Trinidad;
das Patenkind, das dann Geburtstag hat;
auch Basen, Vettern, Nichten und dergleichen
sind darauf aus, daß Grüße sie erreichen.
Wenn man das ganze Volk zufriedenstellt:
Das kostet nicht nur Zeit, das kostet Geld!
Nein, siebzig Karten machen keinen Spaß.
Daß man am Ende Onkel Fritz vergaß,
gehört tatsächlich zu den dümmsten Sachen.
Das ist im Leben nie mehr gut zu machen! —
Sie wollen einen guten Rat, wie man
mit Sicherheit all das vermeiden kann?
Ach, einen solchen Rat kann ich nicht geben;
ich bin ein Karten-Fan. — So ist das Leben.

GRÜSSE AUS DEM URLAUB

Ich grüße Dich (Sie; Euch) besonders gerne
urlaubsvergnügt aus weiter Ferne.

*

Diese hübsche Urlaubs-Stelle
ist begeisterungerregend.
Ich genieße hier die Gegend
und so manches „Kleine Helle!"
Froher Gruß in Herzlichkeit:
Mir geht's prächtig! — Nur kein Neid!

*

Feines Essen; feines Klima.
Urlaubsgruß! Mir geht es prima!

*

Dieses pflegt man zu erwarten:
Wer auf Urlaub ist, schreibt Karten.
Drum: Die bunte Karte hier
ist ein Gruß für Dich (Sie) von mir!

*

Schönen Gruß! Hier ist es wunderbar!
Urlaub ist die beste Zeit im Jahr.

Herrlich ist es hier auf Schritt und Tritt!
Und ich bring' Dir auch was Schönes mit.

*

Briefe, Karten gehen hin und her.
Ich gestehe es: Du fehlst mir sehr!
Bald komm' ich zurück. Du kriegst von mir
dann ein wirklich hübsches Souvenir!

*

Gute Laune! Hübsche Landschaft!
Urlaubsgruß an die Verwandtschaft!

*

Man kann sich hier auf Urlaubswegen
famos erholen. Und ich tu's!
Ich brauch' nicht lang zu überlegen:
Euch gilt mein schönster Urlaubsgruß!

*

Wie herrlich, hier am Meer zu sein!
Beneidet Ihr uns drum?
Wir tanken lauter Sonnenschein
(bei schlechtem Wetter: Rum!).

*

Wenn so schöne Berge locken,
bleibt man nicht im Tale hocken.
Grüße schick ich zu Dir (Euch) hin,
(oder: schick ich Ihnen hin),
weil ich auf der Höhe bin!

Schön ist's hier im fernen Land,
und zu sehn gibt's allerhand,
ob wir fahren, sitzen, gehn.
Urlaubsgruß! Auf Wiedersehn!

*

Die Sonne brennt hier heiß und südlich;
das ist erholsam und gemütlich:
Hier kann der Mensch sich wirklich laben
und viel Erholsames erreichen! —
Der Gruß vom Urlaub ist ein Zeichen,
daß wir Dich (Sie, Euch) nicht vergessen haben!

*

Wir schreiben Karten-Serien
aus unseren schönen Ferien.
Der Gruß an Dich (Euch; Sie) daheime
hat ausnahmsweise Reime!

*

Urlaubsvergnügt ist mir (uns) zumute.
Herzlichen Gruß! Und alles Gute!

*

Hier ist es schön; das ist nicht übertrieben,
und man genießt die Zeit in vollen Zügen.
Ich grüße (wir grüßen) alle, die daheim geblieben,
und wünsche ihnen ähnliches Vergnügen.

Ich nehme Bäder und dergleichen,
und jeder Vorschrift füg' ich mich.
Die lästigen Beschwerden weichen,
und mein Befinden bessert sich.
In Bälde bin ich nicht mehr schmerzlich.
Ich grüße kurz zwar, aber herzlich!

*

Die Reise hierher, wo mich alles freut,
hab' ich noch keinen einz'gen Tag bereut:
Mir geht es gut; drum will ich mich beeilen,
die frohe Nachricht schnellstens mitzuteilen.

*

Ich genieße fröhlich und entspannt
herzlich grüßend Sonne, Meer und Sand!

*

Die Sonne scheint, mir geht es gut.
So wird es, hoff' ich, bleiben.
Wenn einer eine Reise tut,
dann muß er Karten schreiben
an die und die, an den und den.
Herzlichen Gruß! Auf Wiedersehn!

*

Ich erhole mich hier stündlich.
Alles Weitere später mündlich!

*

Ich grüße Dich aus fernen Landen.
Die Hetze kam mir schon abhanden.
Beglückt genieße ich die Zeit
in Faul- sowie Zufrieden-heit!

Es gab bisher noch keine Urlaubs-Pannen;
es ist erholsam, mal so auszuspannen:
Ganz unbeschwert genießt man Ferien-Glück.
Doch gern denkt man dabei an Euch zurück.

*

Herrlich ist's am Urlaubs-Ort!
Schönsten Gruß von hier nach dort!

*

Die Kur strengt, das weiß jedermann,
aus gutem Grund erheblich an.
Zum Schreiben reicht die Zeit trotzdem.
Herzlichen Gruß an Sie daheem!

TEXTE: GUTE BESSERUNG

Das Schimpfen und das Lästern
hat nun mal wenig Sinn.
Die Ärzte und die Schwestern,
die kriegen Sie schon hin!
Bald möge dies geschehen:
Die Krankheit sei besiegt!
Klar, daß Ihr Wohlergehen
mir sehr am Herzen liegt!

*

Alles Gute! Schönste Grüße!
Komm bald wieder auf die Füße!
Das Präsent, wenn es auch klein,
möge etwas tröstlich sein.

*

Im allgemeinen ist das Bett
als Aufenthalt gewiß recht nett.
Doch ist man krank, geht's einem schlecht,
gefällt es einem nicht so recht.
Drum gilt der Wunsch, der stets schon galt:
Recht gute Beßrung! Und zwar bald!

*

Wie sehr wir Dich vermissen,
das wirst Du sicher wissen.
Wir wünschen, schwinden soll das Leid
und: Keine lange „Lager"-Zeit!

Alles Gute wünsche ich:
Hab' Geduld! Und beßre Dich!

*

Bald sei Dir wieder froh zumute,
und schwinden möge, was Dich stört.
Ich wünsche herzlich alles Gute
und alles, was dazu gehört!

*

Von diesem argen Krankheitsfalle
bleibt bald nur die Erinnerung.
Genesung und den alten Schwung:
Von Herzen wünschen dies wir alle!

*

Krankheit drückt die Stimmung nieder;
Krankheit geht auch mal vorbei.
Dieser Gruß wünscht zweierlei,
Beßre Dich! Und komm bald wieder!

*

Ist der Magen einmal nicht o. k.,
tut's dem Menschen dann entsprechend weh
zwischen Schädel und dem kleinen Zehchen.
Gute Besserung für das Wehwehchen!

*

Dieser Wunsch hat seinen guten Grund:
Werden Sie bald wieder ganz gesund!
(Beßre Dich! Und werde bald gesund!)

Gute Beßrung allgemein!
Alles Gute überhaupt!
Dazu soll die Flasche Wein
förderlich und tröstend sein —
wenn's der Arzt erlaubt!

*

Daß Du krank bist, ist sehr schade.
Alles Gute! Laß Dich grüßen!
Und die Tafel Schokolade
soll die Laune Dir versüßen!

*

Herzlich wünsche ich dies eine:
Komm bald wieder auf die Beine!
Unbeschwert, gesund und heiter
schreite dann durchs Leben weiter!

*

Bald 'raus aus der Falle:
Gesund ohne Schmerzen!
Das wünschen wir alle
zutiefst und von Herzen!

*

Mit diesem Gruß soll sich der Wunsch verbinden:
Sie mögen baldige Genesung finden,
daß wir nach allem Schweren, das geschehen,
Sie ganz gesund und heiter wiedersehen!

Rekonvaleszent — das Wort ist schwer!
Wer es ist, der freut sich aber sehr!
Mögen Sie — das wär' ein gutes Zeichen —
diesen schönen Zustand bald erreichen!

*

Die beste Krankheit ist nichts wert;
viel Glück beim Überwinden!
Und das, was heute noch beschwert,
das möge schleunigst schwinden!

*

Dieses wünsche ich von Herzen:
Schwinden mögen alle Schmerzen,
Nöte, Sorgen und Beschwerden.
Wichtig ist: Gesund zu werden!

*

Ich wünsche wirklich sehr, es sei
mit Deiner Krankheit bald vorbei.
Ich hoffe herzlich, daß Dich heut'
der bunte Blumenstrauß erfreut!

*

Ich wünsche baldiges Genesen;
das Warten ist nicht immer leicht.
Drum schicke ich etwas zum Lesen,
damit die Zeit ganz rasch verstreicht.

Bloß nicht ungeduldig werden!
Einmal schwinden die Beschwerden.
Daß die Beßrung Fortschritt mache,
dieser Wunsch ist Herzenssache!

*

Krankheit ist ein böser Feind.
Möge sie bald schwinden, enden!
Alles sich zum Beßren wenden!
Dieser Wunsch ist gut gemeint.

*

Das Wichtigste: Recht bald gesunden!
Das ist jetzt allererste Pflicht.
Das frische Obst mög' trefflich munden.
Vergessen habe ich Dich nicht.

*

Ich wünsche gute Besserung,
Gesundheit, Optimismus, Schwung!

*

Schwinden möge, was Dich quält.
Rasch gesunden! Dies nur zählt!

DANK AN DIE NETTE KRANKENSCHWESTER

Ich fühlte mich an allen Tagen
von Ihnen vorbildlich betreut.
Ich möchte herzlich-dankbar sagen:
Ihr Kommen hat mich stets erfreut.
Nun sind vorüber alle Schmerzen.
Mein Gruß zum Abschied kommt von Herzen!

*

Hinter mir liegt das Wehweh.
Heiter sage ich: Ade!
Und ich möchte beim Verlassen
so den Dank in Worte fassen:
Ohne Ihre nette Pflege
wär' ich heute nicht so rege!

*

Ich freue mich! Ich bin ja nicht mehr krank!
Sie haben mich so liebevoll gepflegt,
daß mich beim Abschied dies Gefühl bewegt:
Ich schulde Ihnen meinen tiefsten Dank!
Und sollte mir mal wieder was passieren:
Ich lass' mich nur bei Ihnen auskurieren!

*

Sie haben, ob es Tag war oder Nacht,
mich gut betreut und stets an mich gedacht.
Sie taten wirklich mehr als Ihre Pflicht.
Den Schmerz vergess' ich; Sie vergess' ich nicht!

Gesund und munter zieh' ich weiter;
nun bin ich wieder ganz gesund.
Mein Abschiedsgruß ist herzlich-heiter,
und das hat seinen guten Grund.
Der Grund (wenn ich's recht überlege):
Sie gaben mir zu jeder Zeit
Trost, Hilfe, vorbildliche Pflege.
Drum: Groß ist meine Dankbarkeit!

*

Dank Ihrer Pflege geht's mir nicht mehr „schmerzlich".
Mein Dank ist wirklich ehrlich, groß und herzlich!

*

Der Aufenthalt hier im Gebäude:
Nicht immer war er lauter Freude!
Sie aber haben mir die Zeit
erleichtert; das vergess' ich nie!
So scheide ich in Dankbarkeit
und voll Bewunderung für Sie!

*

Sie haben mich betreut, umsorgt, gepflegt.
Ich scheide sehr verwöhnt — und dankbewegt!

*

Mein Leiden ist nun auskuriert;
erleichtert wird nach Haus marschiert.
Betreuung, Pflege —: Dank gilt Ihnen,
weil Sie ihn ganz gewiß verdienen!

*

Alles, was Sie für mich taten,
ist zur Freude mir geraten,
und ich bin gesund geworden.
Sie verdienen einen Orden!
Ihre Pflege war vorzüglich.
Herzlich dank' ich — und vergnüglich!

GLÜCKWÜNSCHE ZUR BESTANDENEN PRÜFUNG

Bestandne Prüfung: Beifall und Applaus!
Da freut sich herzlich jeder, der Dich kennt.
Und lernt man auch im Leben niemals aus:
Ein Dokument bleibt doch ein Dokument!

*

Auch in der Familie Namen
gratulier' ich zum Examen:
Welch ein stolzer Lebensschritt!
Und wir alle freun uns mit!

*

Wer so die Prüfung meistert,
von dem ist man begeistert;
der Fleiß hat sich rentiert.
Man strahlt; man gratuliert!

*

Ach, wie fühlt man sich beklommen,
wenn die Zeit der Prüfung naht.
Nun sind — glänzend in der Tat! —
alle Hürden glatt genommen
und nichts Böses ist passiert.
Hocherfreut wird gratuliert!

Glückwunsch! Nun geht's auf der Leiter
des Berufs viel glatter weiter!

*

Es quält grad' das gewisse Ungewisse
vor einer Prüfung ziemlich hart und schmerzlich.
Glatt überwunden sind die Hindernisse!
Man freut sich mit und gratuliert sehr herzlich!

*

In frohen Tönen wird's gesungen:
Glückwunsch zur Prüfung, die gelungen!

*

Nach solcher Prüfung ist man doch
erleichtert und entspannt.
Ich gratuliere noch und noch
dem, der so gut bestand!

*

Ach ja, die menschliche Natur
hat ihre schwachen Seiten.
Man zitterte vorm Abitur
auch schon in frühren Zeiten.
Bestanden — ohne viel Theater!
Glückwunsch! Schon winkt die „alma mater"!

*

Hat man das lange Schul-Problem
erst hinter sich: Wie angenehm!
Man kommt sich schon erwachsen vor,
und dazu sag' ich: Gratulor!
Im Wind wehn triumphale Fahnen.
Ich wünsche: Sinnvoll weiterplanen!

Examens-Nöte! Und die ganze Sippe
taucht tief in zitternde Erwartung ein.
Denn eine Prüfung ist so eine Klippe,
an der man scheitern kann. Das wär' gemein!
In diesem Falle war das unbegründet;
es ging in allen Fächern durchaus glatt.
Man gratuliert! Denn amtlich wird verkündet,
daß hier ein kluger Mensch bestanden hat!

*

„Examen bestanden!", so hörte ich eben.
Glückwunsch! Und weiter erfolgreich durchs Leben!

*

Vom Herzen fällt mir eine Last.
Glückwunsch, daß Du bestanden hast!

*

Wenn Fleiß und Glück zusammenkommen,
wird manche Hürde glatt genommen.
Mit Recht ist man dann stolz und froh.
Ich gratuliere! Weiter so!

*

Glückwunsch! Alle Ängste schwanden,
und gezittert wird nicht mehr.
Wer die Prüfung so bestanden,
ja, dem gratuliert man sehr!

VON GARTENZWERGEN UND ANDEREN KOSTBARKEITEN

Ich muß tatsächlich unter Reuetränen
die Aschenbecherkuh noch mal erwähnen:
Auf diesen „Wanderpreis“ (im Buch ganz vorn)
entlud ich meinen ungerechten Zorn.
Wenn wir der Wahrheit nun die Ehre geben:
wir alle können ohne Kitsch nicht leben!
Sie protestieren? Sehn Sie ohne Schonung
sich doch mal um in Ihrer eignen Wohnung!
Verziert ein Hirschbild röhrend Ihre Wände?
Zielt Ihre Neigung mehr auf „Dürers Hände“?
Ob dem Geschmack ein solches Glasding mundet,
das über dem Sankt Petersdom sich rundet
und wenn man's etwas schüttelt, wird darinnen
ein Schneegestöber feinster Art beginnen;
auch Muschelkästchen, Kugel-, Bänderspiele
und Eulen an Spiralen — da gibt's viele,
für die gehört das, was nach Wegwurf schreit,
zum Bild der eigenen Persönlichkeit.
Mit Recht! Denn wichtig ist und bleibt entschieden:
Der Mensch sei möglichst mit sich selbst zufrieden.
Vielleicht braucht er die Eulen an Spiralen,
um Nettigkeit und Wärme auszustrahlen?
Drum glaube ich durchaus: Verzicht auf Schwächen
kann sich eventuell gewaltig rächen:
Ein Mensch mit weiter gar nichts als nur Stil
wirkt chemisch rein und demgemäß steril;
ihm fehlt als schätzungswerte Dominante
das Menschliche; ihm fehlt das Artverwandte
und das Gefühl für Gartenzwerg und „Schmiere“.
In diesem Sinne bin ich ganz der Ihre.

DANK-VERSE FÜR DIES UND DAS

Sie haben mich mit Ihrer Gabe,
an der ich Spaß und Freude habe,
sehr überrascht und sehr erfreut.
Ich danke Ihnen herzlich heut'
und hoffe nun, es mög' geschehen,
daß wir uns recht bald wiedersehen!

*

Ihr netter Gruß, so hübsch und sinnig,
hat mich erfreut. Ich danke innig!

*

Sie haben's wirklich 'raus, so nett zu schenken.
Ich danke für Ihr freundliches Gedenken!

*

Was Sie mir kürzlich zum Geburtstag schrieben,
hat mich geehrt; das ist nicht übertrieben.
Ich danke herzlich. Ja, man ist gerührt,
wenn man so freundliches Gedenken spürt.

*

Ihr Überraschungsgruß hat mich erfreut;
ich las ihn mit Vergnügen und Behagen.
Für soviel nette Worte möcht' ich heut'
von ganzem Herzen endlich „Danke" sagen.

Sie haben den Geburtstag mir verschönt
und haben wirklich nett an mich gedacht.
Ich fühle mich rundum durchaus verwöhnt:
Viel Freude hat mir alles dies gemacht.
Hier kommt mein Dank, und so ist er zu lesen:
Sie sind sehr nett und aufmerksam gewesen!

*

Das Geburtstagstelegramm war prächtig.
Vielen Dank! Ich freute mich ganz mächtig!

*

Ihre hübsche, feine Sendung brachte
mich beinahe in Verlegenheit.
Groß war meine Freude, und ich dachte:
Ja, es gibt noch echte Freundlichkeit!
Schleunigst sollen nun mit diesen Zeilen
Herzens-Dank und -Gruß zu Ihnen eilen!

*

Als Ihre nette Sendung kam,
da dachte ich: „Wie aufmerksam!"
Sie haben's 'raus, ans Herz zu rühren;
wie herrlich ist es, das zu spüren! —
Weil heut' die Zeit zu mehr nicht langt:
Ein sehr Verwöhnter grüßt und dankt!

*

Ihr Gruß erfreute mich ganz ungemein.
Mein Dank soll gleichermaßen herzlich sein!

Von Nord, von Süd, von West, von Ost
kam eine ganze Menge Post.
Ihr netter Gruß war so persönlich
und freute mich ganz ungewöhnlich.
Darum ist heute, mon chéri,
persönlich auch der Dank an Sie!

*

Ihre Überraschung ist geglückt!
Rundherum war ich von ihr entzückt,
und ich bin es jeden Tag noch mehr!
Ich bedanke mich bei Ihnen sehr!

*

Ihr wunderhübscher Blumenstrauß
sieht wirklich ganz entzückend aus!
Ich freu' mich dran: ein Trost für mich.
Und wirklich herzlich danke ich.

*

Ja, ich freu' mich an dem Schönen,
das als Gruß von Ihnen kam.
Sie sind wirklich aufmerksam.
Dank für freundliches Verwöhnen!

*

Die Welt wär' wirklich arm — und wie!,
gäb' es nicht Freunde so wie Sie!
Ich danke für den Gruß, der köstlich.
Ja, Ihr Gedenken ist sehr tröstlich!

Man hat mich reich und überreichlich
beschenkt, beglückwünscht und geehrt.
Ihr netter Gruß war unvergleichlich
und ist besonderen Dankes wert.
Hier kommt der Dank, und er gesteht,
daß mir Ihr Wunsch zu Herzen geht.

*

Ganz klar, daß ich an Ihrer hübschen Gabe
nun meine ganz besondere Freude habe!
Besonders herzlich dank' ich darum Ihnen
als allererstem — weil Sie das verdienen!

*

Ihr Glückwunschtelegramm — das war der Clou!
Ich danke herzlich und gerührt dazu!

*

Ja, in dem Geburtstagsgruß
stimmte jedes Wort.
Danken will ich; und ich tu's
herzlich, gern, sofort!

*

Ihr Glückwunschtelegramm war wirklich „Klasse".
Hier kommt mein Dank — von Herzen und in Masse!